アクロス福岡文化誌5

福岡の町並み

アクロス福岡文化誌
編纂委員会編

海鳥社

福津市・豊村酒造（藤田勝輝氏撮影）

はじめに

アクロス福岡文化誌編纂委員会

先人たちが築いてきた文化遺産や風土――〝ふるさとの宝物〟を再発見し、後世に伝えていくことを目的に刊行してきた「アクロス福岡文化誌」シリーズも、通算五巻目となりました。第五巻は「町並み」というテーマで、福岡県内に残る伝統的な町並みの歴史や魅力を総覧します。

福岡は古来より交通の要衝で、人や文物が盛んに往来し、そこに成立した集落を拠点に各種産業、地域社会が発達してきました。本書では県内の町並みを、その成り立ちから「武家の町」「商家の町」「門前の町」などと分け、町の歴史や文化、見所となる家並みや歴史的建造物などを紹介します。

執筆は様々なかたちで町並み保存やまちづくりに携わっておられる方々にお願いし、地域に密着した内容や情報を盛り込んでいただきました。取材にご協力いただいた方々、写真や資料をご提供くださった機関・団体など、関係各位のお力添えに心よりお礼申し上げます。

近年、歴史的建造物や町並みの保存運動、それらを巡る町歩きが盛んになっています。時代の風雪を経て形成・継承されてきた伝統的な町並みには、その地域ならではの風土と人々の営みが奏でる魅力があり、その地を初めて訪れる者にも、懐かしさや安らぎを感じさせてくれます。本書では、歴史的な町割り、伝統的建造物が比較的濃密に残る地区を中心に取り上げましたが、福岡県内にはそれ以外にも様々な個性や味わいがある町並みが存在します。本書が、皆さんの住む町の魅力を再発見するきっかけとなれば幸いです。

末尾になりますが、本書の企画段階からご尽力いただいておりました宮本雅明先生（九州大学名誉教授）が、本の完成を見ないまま、不慮の事故で急逝されました。この場を借りて、先生のご冥福をお祈りします。

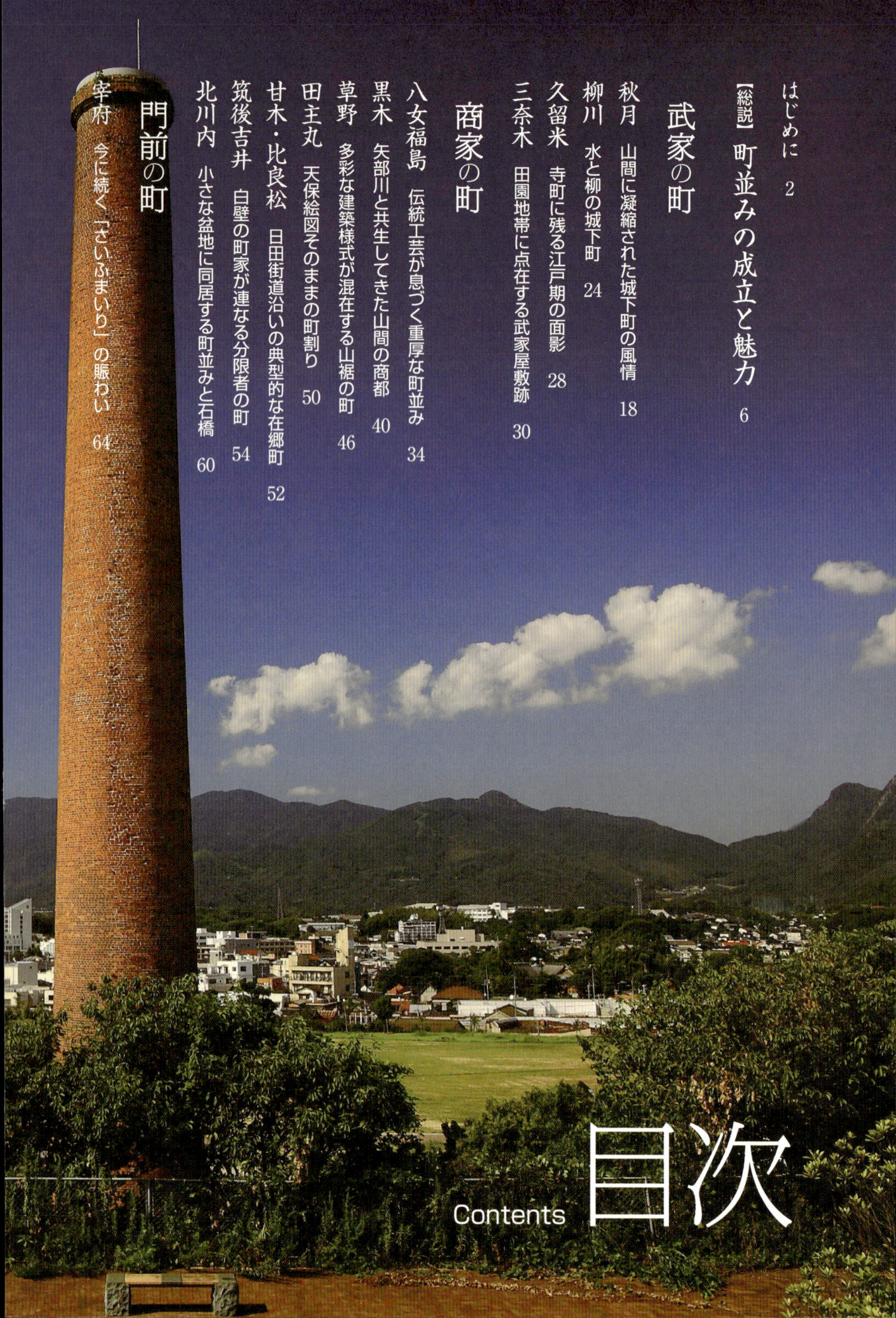

はじめに 2

【総説】町並みの成立と魅力 6

武家の町

秋月 山間に凝縮された城下町の風情 18

柳川 水と柳の城下町 24

久留米 寺町に残る江戸期の面影 28

三奈木 田園地帯に点在する武家屋敷跡 30

商家の町

八女福島 伝統工芸が息づく重厚な町並み 34

黒木 矢部川と共生してきた山間の商都 40

草野 多彩な建築様式が混在する山裾の町 46

田主丸 天保絵図そのままの町割り 50

甘木・比良松 日田街道沿いの典型的な在郷町 52

筑後吉井 白壁の町家が連なる分限者の町 54

北川内 小さな盆地に同居する町並みと石橋 60

門前の町

宰府 今に続く「さいふまいり」の賑わい 64

目次 Contents

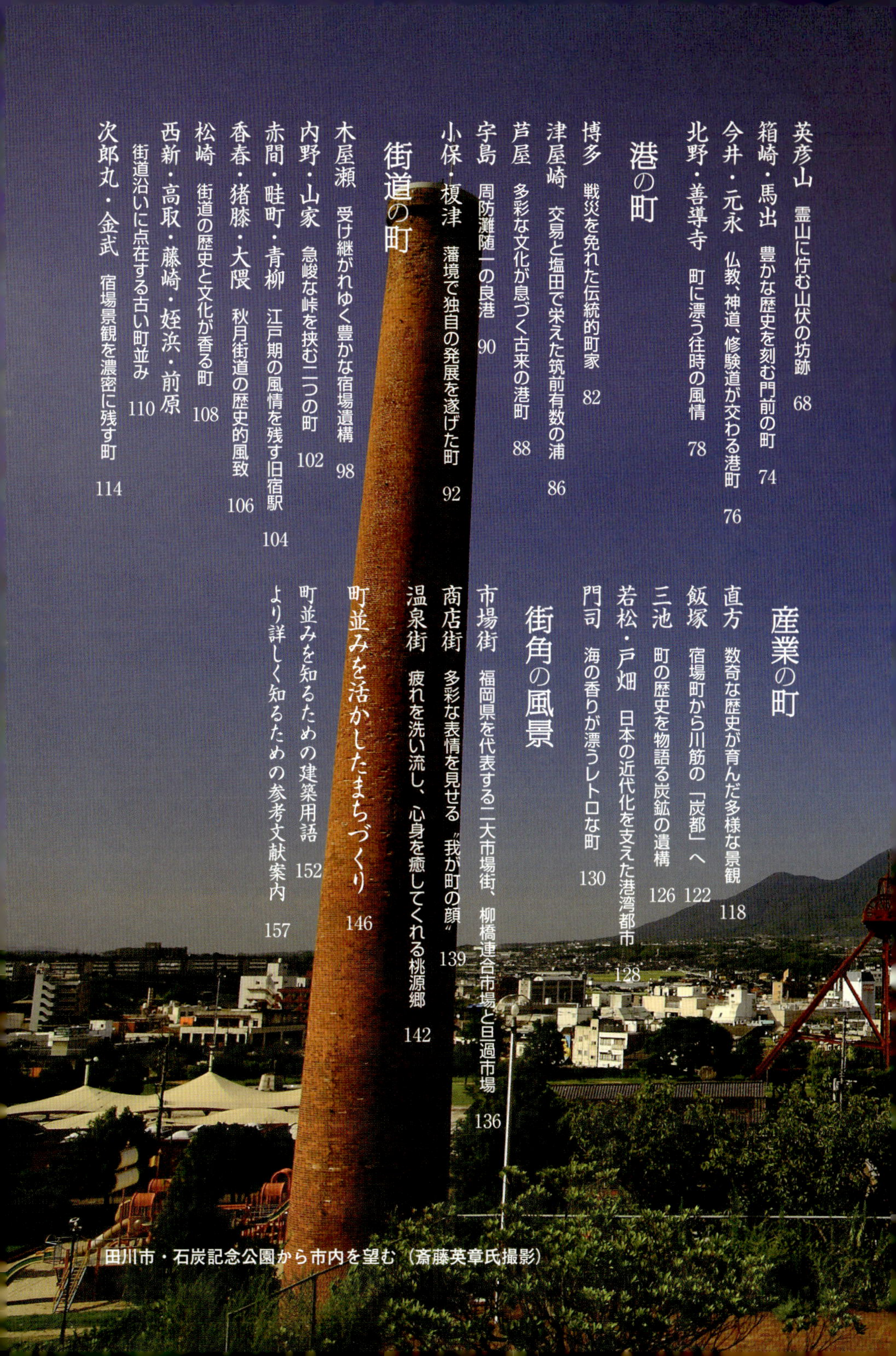

英彦山　霊山に佇む山伏の坊跡　68
箱崎・馬出　豊かな歴史を刻む門前の町　74
今井・元永　仏教、神道、修験道が交わる港町　76
北野・善導寺　町に漂う往時の風情　78

港の町

博多　戦災を免れた伝統的町家　82
津屋崎　交易と塩田で栄えた筑前有数の浦　86
芦屋　多彩な文化が息づく古来の港町　88
宇島　周防灘随一の良港　90
小保・榎津　藩境で独自の発展を遂げた町　92

街道の町

木屋瀬　受け継がれゆく豊かな宿場遺構　98
内野・山家　急峻な峠を挟む二つの町　102
赤間・畦町・青柳　江戸期の風情を残す旧宿駅　104
香春・猪膝・大隈　秋月街道の歴史的風致　106
松崎　街道の歴史と文化が香る町　108
西新・高取・藤崎・姪浜・前原　街道沿いに点在する古い町並み　110
次郎丸・金武　宿場景観を濃密に残す町　114

産業の町

直方　数奇な歴史が育んだ多様な景観　118
飯塚　宿場町から川筋の「炭都」へ　122
三池　町の歴史を物語る炭鉱の遺構　126
若松・戸畑　日本の近代化を支えた港湾都市　128
門司　海の香りが漂うレトロな町　130

街角の風景

市場街　福岡県を代表する二大市場街、柳橋連合市場と旦過市場　136
商店街　多彩な表情を見せる"我が町の顔"　139
温泉街　疲れを洗い流し、心身を癒してくれる桃源郷　142

町並みを活かしたまちづくり　146
町並みを知るための建築用語　152
より詳しく知るための参考文献案内　157

田川市・石炭記念公園から市内を望む（斎藤英章氏撮影）

［総説］

町並みの成立と魅力

久留米工業大学建築・設備工学科教授
大森洋子

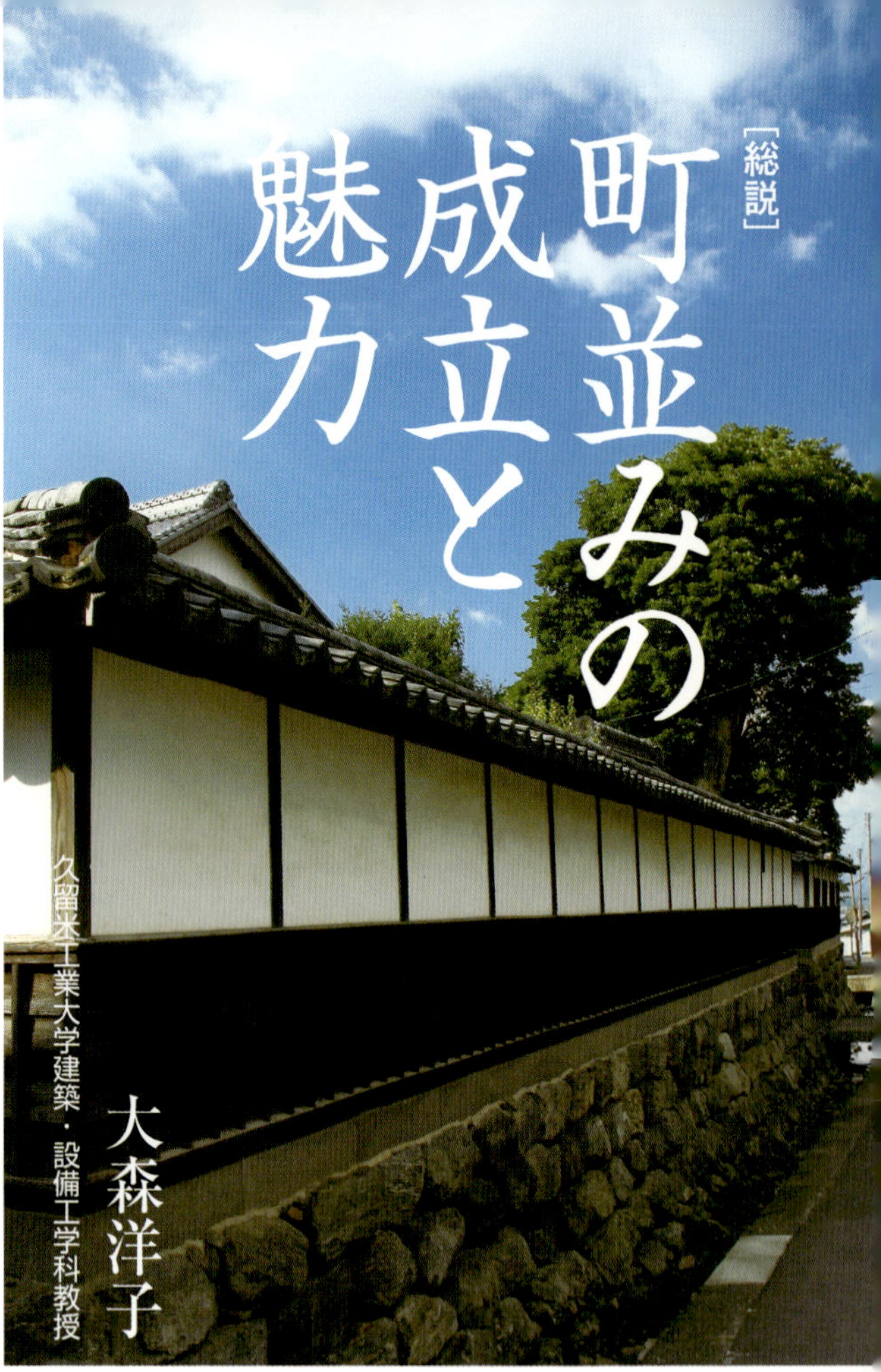

〝生きている町〟の魅力

歴史と文化の象徴である歴史的町並みは、一朝一夕で出来上がるものではなく、長い熟成の時を経て形成されたものである。現在も町並みで生活が営まれ、今後も続いていく。テーマパークとは異なり、〝生きている町〟であることが魅力である。そこで暮らす人々との交流は、通り一遍の観光とは異なり訪問者の心に深く沁み入り、持続的な繋がりが生まれる。伝統家屋は高度な技術と使用されている材料の質の高さにより長い寿命を維持しており、それらにより構成される町並みが語る地域の文化は、地元住民にだけではなく、訪問者にもふるさとのような心地良さと高揚感を与える。

我々が今日目にする町並み景観の多くは、近世後期以降に形成されたものである。道路や水路を計画的に配置し、屋敷地の地割りを行った町建ての起源は古代や中世、近世初頭に遡っても、耐久性と耐火性を備えた今日残る伝統家屋は、近世後期以降に建てられた。

現代の都市は近世都市を母胎として発展したものが多く、近世都市は城下町と在方町《ざいかたまち》の二つがある。在方町とは城下町以外の在方（農村部）に所在した都市的な町のことで、機能で分けると門前町・港町・宿場町・在郷町《ざいごうまち》などがある。旧城下町は地方の行政の中心地となり、在方の在郷町・門前町はその地域の中心市街地として、港町は商港として発展した。

広義の町並みには、農村・漁村の集落も含まれる。計画的に町建てされた

吉井の町並み。表通りに面して店の間を設けた町家が立ち並ぶ

城下町や在方町の都市的空間とは異なり、道路や屋敷の配置形態が自然発生的であるが、山や川などの地形を読み、自然に合わせた道路形状と敷地割りがなされ、屋敷地内には生業《なりわい》に応じ建物や作業場が合理的に配置されている。その配置形態は次第に収斂《しゅうれん》され集落ごとに一定の秩序を持ち、特徴のある景観が形成された。農村・漁村の景観を、「町並み」に対して「村並み」景観と呼ぶこともある。

町家と屋敷型建築

伝統家屋は敷地内の建物配置により、「町家」と「屋敷型建築」に分けられる。

町家は間口が狭く奥行きの深い短冊形の敷地に、表通りに面して主屋を建て、裏には中庭を挟んで便所や離れが立つ。奥行きが深ければ、敷地の奥にさらに土蔵を建てる。町家の典型が商家で、表通りに面して店の間を設けた主屋が敷地間口一杯に建てられる。そもそも町家は中世に成立した市場を起源としている。人々が暴力に訴えることなく対等な立場で交易を行うために、寺社の境内や門前という聖域で市が開かれ、街路を挟んで短冊型の敷地に仮設の店舗が並んだという。それが恒常的な町場となり、都市型住宅である町家が成立した。

一方、屋敷型建築は間口の広い敷地に、表通りに面して門と塀を構え、敷地中央に主屋を建て、玄関には前庭を通って入る。屋敷型建築の典型が武家住宅で、敷地を塀や生垣で囲い、主屋を敷地中央に建て、座敷の南側に庭園をつくる。もう一つの典型である農家住宅も主屋を敷地中央に建て、南に作物を干し農作業を行うための庭を設ける。

したがって町並みには町家で構成されたものと屋敷型建築で構成されたものの二種類がある。町家の町並みは、通りの両側に店が並び、軒を連ねた賑やかな景観が見られる。屋敷型の町並みでは、塀越しに見える庭の樹木と、奥に建てられた主屋の屋根が落ち着いた佇まいを見せる。

現在残っている歴史的町並みのうち、屋敷型建築の町並みは全国的にも少ない。農村集落は戦後、農業従事者の減少により農家住宅の建て替えが進み伝統的な景観を失ったところが多く、城下町の武家地の多くは明治の廃藩置県により解体され、他に転用された。また、大規模な城下町は戦災により町並みが焼失し、戦災を免れたとしても行政の中心地となり、高度経済成長期に開発が進み地割りも失われた。他方、城下町の町人地は明治以降も発展し、町家の町並みが維持された。戦災に遭い焼失したものもあるが、町家の町並みは在方町にも形成されており、屋敷型より多く残っている。

秋月の武家屋敷。秋月には城跡、武家屋敷、町人地の町並みが揃って残る

福岡県の町並みの成立

福岡県は大陸との交通の便に恵まれ、大宰府政庁が七世紀後半から置かれるなど、早くから政治・文化が発展した。また九州山地を背にして日本海、瀬戸内海、有明海の三つの海に面していることから、自然も文化も異なる地域で構成され、バラエティに富んだ町並みが残っている。

近世には、筑前に福岡藩とその支藩の秋月藩と東蓮寺藩《とうれんじはん》が、筑後に久留米藩、柳川藩、三池藩が、豊前に小倉藩とその支藩の小倉新田藩《しんでんはん》があり、それぞれの文化を築いていた。近代になると前述のように各城下町は行政の中心となり、特に福岡城下町と小倉城下町は政令都市となり、久留米藩も中核都市になるなど大きく発展した。戦災や都市開発により、残念ながら城下町の地割りも町並みも大部分が失われた。秋月（朝倉市）のみが唯一、城下町として城跡、武家屋敷、町人地の町並みがセットで残っている。

それに比較し、在方町は近世から近代にかけて町の性格を断ち切られることなく継続して発展し、戦災にも遭わず、地方であることから高度経済成長期の開発の波も受けず、今日まで町並みが残っている。

福岡県の歴史的町並みを成立時期で

分けると、中世に起源し近世に形成された町並みとして宰府（太宰府天満宮門前町）、小保《こぼ》・榎津《えのきづ》（大川市）、英彦《ひこ》山《さん》（添田町）、津屋崎《つやざき》（福津市）、姪《めいの》浜《はま》（福岡市）などがある。近世に起源し近世に形成された町並みとしては八女福島（八女市）、秋月、柳川、木屋《こやの》瀬《せ》（北九州市）、赤間（宗像市）、田主《たぬし》丸《まる》、草野（以上、久留米市）、松崎（小郡《おごおり》市）、宇島《うのしま》（豊前市）が挙げられる。近世に起源し近代に形成された町並みとしては筑後吉井（うきは市）、黒木《くろぎ》、北川内《きたかわち》（以上、八女市）が、近代に起源し近代に形成された町並みとしては直方殿町《のおがたとのまち》（直方市）、門司、戸畑、若松（以上、北九州市）などがある。

津屋崎の町並み。港町として栄え、「津屋崎千軒」と称された（木下陽一氏撮影）

　町の骨格である道路や屋敷割りが行われた町建ての起源時期ごとに特徴を述べると、中世に起源する町並みは道路が直線ではなく地形に沿って湾曲し、短冊形の町家の敷地も間口が均等ではなく、奥行きが浅く屋敷尻が揃っていない場合が多い。筑後川河口の港町として栄えた小保・榎津の道路は緩やかに曲がり、敷地の間口や奥行きも均等ではない。これが近世になると道路が直線とな

洋風意匠の角屋（写真右）を持つ草野の上野家

「祇園社俯瞰絵図」（明治25年、久留米市立草野歴史資料館蔵）。草葺きと瓦葺きが混在している様子がわかる

り、町への出入り口を示す枡形《ますがた》が配され、敷地の間口は均等に割られ奥行きも深くなる。近世初頭に城下町として町割りが行われたが、十数年後に廃城となり在方町として発展した八女福島や、街道沿いに成立した吉井と草野がこれに該当する。

近代になると経済力の差により敷地間口の幅が異なっている場合が多い。筑豊炭鉱で財をなした貝島家が所在した直方の殿町などがその例である。

県内の町家建築の変遷

それらの敷地に建てられた家屋も建設年代により特徴が見られる。福岡県内には前述のように武家屋敷の町並みが少なく、在方町の町並みが多いことから、ここでは町家の特徴について述べる。

これまでの研究によると、在方町は

素盞嗚（すさのお）神社御神幸で賑わう明治38年の黒木の町並み（川島和生氏蔵）。上の絵図と同様、草葺きと瓦葺きの町家が混じる。素盞嗚神社は国の天然記念物である「黒木のフジ」で全国的に知られている

近世前期まで草葺《くさぶ》き真壁造《しんかべづく》りの家屋が多く、度々火災により焼失したようである。近世後期になると防火性に優れた瓦葺き大壁造《おおかべづく》りの町家が徐々に建てられ始めた。小保・榎津には文政八（一八二五）年に建設された瓦葺き大壁造りの吉原家（重要文化財）が残っている。経済的に繁栄を遂げた商人の町家から徐々に大壁造りが普及していった。この大壁造りは軒裏まで漆喰《しっくい》で塗り込め防火性能を高めている。

筑後地方ではこの大壁造りのことを「居蔵《いぐら》」と呼んでいる。

故宮本雅明教授によると、この居蔵造り町家が北部九州に広く普及するのは、天保期（一八三〇－四四年）以降であるという。文政十一年八月九日と二十四日の両日に北部九州を未曾有の台風が襲い、草葺き町家を主体とする町並みが壊滅的な打撃を受け、居蔵造り町家の普及の契機となったことが指摘されている。筆者が調査した八女福島における最初の居蔵造りの町家・今里家も、天保九年に建てられている。

居蔵造りの八女福島の諸富家

近世後期の居蔵造りは、二階建てであっても二階の天井が低い中二階（京都では「厨子《つし》二階」と呼ばれる）で、主に倉庫として利用していた。

明治時代になると、廃藩置県によりそれまで課せられていた各種の家作制限（例えば贅沢な材料の使用や二階建ての禁止、梁間《はりま》長さの制限、造作の制限など）が失効し、財を蓄えた商人を中心に、耐久性・耐火性に富み意匠的にも優れた上質の居蔵造りの町家が出現した。吉井では腰になまこ壁を張り、一階下屋《げや》の軒裏まで漆喰で塗り込め、二階窓にも防火戸を建てた梁間の大きい大型の二階建て町家が建てられた。この頃から二階部分に座敷を設ける本二階建ての豪壮な町家が建設されるようになった。

大正期になると洋風デザインを取り入れた建物が地方でも出現し、外壁を下見板張《したみいたば》りペンキ塗装とした擬洋風町家が町並みに彩りを添え、多様性を醸し出している。また、大壁造りよりも軽快な、柱を露わにした瓦葺き真壁造り町家も普及し始めた。大正期はバラエティに富み、耐久性と耐火性に優れた質の高い町家建物が広く分布したことから、町並みの完成期として捉えることができる。

上：平入りの町家が連なる奈良県橿原市今井町／左：京都の細い梁と貫（上）、九州の太い天秤梁（下）の小屋組

各地で異なる表情を見せる町並み

以上のように町の起源や町並みが形成された年代により特徴が見られるが、地域ごとにも特徴がある。町家が妻入りか平入りかで町並み景観は大きく異なるが、関西の平入り町家に対して九州は妻入りが多いといわれている。また、福岡県内では旧藩領ごとに違いがある。旧福岡藩は、城下町では平入り、在方町では妻入りが多い。旧柳川藩は藩領全域で妻入りが、旧小倉藩は全域で平入りが多い。旧久留米藩は城下町の町家がわずかしか残らず判然としないが、在方町では妻入りが多い。

町家の小屋組みも、京都の町家が細い梁と貫《ぬき》を用いて軽やかな空間を形成しているのに対し、九州の町家は太い梁を束《つか》（短い柱状の垂直材）により幾重にも重ねる天秤梁《てんびんばり》により力強い重厚な雰囲気を醸し出している。上品で洗

個性的な意匠。左から、持ち送りで支えた出格子、美しい透かし彫りの持ち送り、繊細な模様のなまこ壁

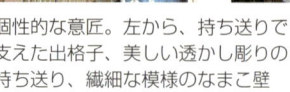

練された上方文化に対し田舎くさいと評する人もいるが、台風常襲地帯である九州では、屋根が風に持ち上げられないように小屋組みを丈夫につくる必要があった。

　旧久留米藩内の在方町に多い入母屋《いりもや》居蔵造り妻入りの町家でも、各町並みにより規模や意匠が異なり個性がある。吉井では、二階だけでなく一階軒下まで漆喰を塗り込めているが、八女福島では一階軒下は真壁造りで軽快な印象となっている。近代になり屋敷地を併合して建てられた大規模町家は、吉井が梁間の大きい妻入り町家を建て経済力を誇示しているのに対し、八女福島では一階の間口は敷地に合わせて広げても、二階の梁間は三間以下に統一している。腰壁も吉井のなまこ壁に対し、黒木では大きな青石（緑泥片岩《りょくでいへんがん》）が張られた。

　一階下屋を支える持ち送りのデザインにしても、波模様の美しい彫刻が施してあったり透かし彫りであったりと、福岡県内の各地に所在する町並みごとに異なり面白い。格子も大きさや工法により異なる表情を見せる。蔀戸《しとみど》や大《おお》戸《ど》が残る町家もある。室内に入れば大きな吹き抜けがあったり、二階へ上る磨き込まれた箱階段の家もある。大黒柱も飴色の欅《けやき》や杉の太い材が使用され、存在感を発揮している。町並みには良質の材料を用い最高の技術でつくられた空間が広がり、地域の文化と歴史を

上：黒木の町を走る路地と、路地脇に立つ石仏
下：吉井の才の木溝（さいのきみぞ）に設けられた洗い場

黒木の景観を特徴づける矢部川と廻水路の取水口

十分に感じることができる。町家に混じり神社や寺院も存在し、大樹が繁る境内が景観に潤いを与えてくれる。

町並みは町家や寺社などの建築物のみで構成されているわけではなく、路地や水路が走り、石橋・洗い場・石垣・石祠《せきし》・石仏・石神などの工作物や樹木が点在し、周囲の山並みを背景に魅力的な景観を見せる。商家の町並みには商売繁盛の恵比須様や大黒様の石像が置かれ、街道沿いには一里塚や庚申《こうしん》塔《とう》が建てられる。水路には石橋が架かり、石段を下りると洗い場がある。護岸は玉石積《たまいしづ》みや割石積《わりいしづ》みなどの石垣で、伝統的な積み方を目にすることができる。

草野ではかつて水路から巧みに水を引き込み泉水式庭園が設けられていた。柳川では堀に向けて庭園がつくられており、掘割《ほりわり》を舟で回れば、水路と一体となった緑豊かな庭を楽しめる。黒木では町並みの中を流れる玉石積みの廻《かい》水路《すいろ》が、近世久留米藩と柳川藩の水取り合戦の凄まじさを物語る。詳細は黒木を紹介したページに譲るが、御境川《おさかいがわ》であった矢部川には、水田耕作のため両藩が交互に堰を築いて取水し廻水路を敷設した。幾本もの廻水路が現在でも利用されているが、そのうちの黒木堰と黒木廻水路が町並みの端にあり、景観に個性を与えている。北川内では星野川に架かる一連・二連・三連・四連の四本の石造アーチ橋（眼鏡橋）が町並みの外に広がる。秋月でも町の入り口に眼鏡橋が架かる。伝統家屋は水面に映え、水路があることで町並みの魅力が増す。

屋敷型の町並みでは板塀や生垣越しに庭の樹木が見え、整然と剪定《せんてい》された生垣と奥の庭木や伝統家屋が醸し出す、品格のある佇まいを味わえる。地域により樹木の種類が異なるのも、風土や文化の違いが感じられて面白い。藩によっては実のなる樹木を奨励していた。

住民との交流を楽しむ

町並みで暮らしている人々との交流により、地域やその家に伝わる興味深い物語を知ることができる。豪商の家では、「曾祖父の代にお抱えの大工を京都に修行にやり、この家を普請した」「祖父自ら山に入り、木を選んで伐り出した」という豪勢な話があり、慎ましやかな商家では、「祖母が毎年、根太天井《ねだてんじょう》に柿渋《かきしぶ》を塗っていた」という微笑ましい話を聞く。さりげない日常の暮らしぶりから、伝統を受け継ぐ者としての矜持《きょうじ》が感じられ、伝統家屋に愛着を持ち大切に維持していることが窺える。黒木ではかつて通りの両側に清流の水路と並木があり、それも他の町では見かけない石榴《ざくろ》と梅であったことを、明治四十一（一九〇八）年にこの地を訪れた民俗学者の柳田國男が「並木の話」として印象深く書き残している。そのことを町の誇りとして生き生きと語り継ぐ古老がいる。

　また、町並みには祭りや伝統行事が継承されている。祭りは武家地にはない庶民文化の花であり、博多祇園山笠を始め、各地で山車《だし》を曳く祇園祭が継承されている。町家の店の間や座敷にお雛様を飾り公開する雛祭りも吉井、八女福島、柳川を始めとして各地で開催され、観光客で賑わっている。祭りやイベント時に町並みを訪れると、それに合わせた郷土料理や地酒も提供されるなど、いつもとは異なった華やいだ雰囲気を五感で楽しめる。

「八女ぼんぼりまつり」。祭りの時期には町並みを散策しながら、各家や店に飾られた雛飾りを楽しむことができる

小保の吉原義朗家住宅。18世紀末の建築で、当時は造り酒屋を営んでいた。毎年行われるイベント「肥後街道宿場を歩く」の際には、江戸時代の地酒を復活させ販売している

秋月城址・長屋門（木下陽一氏撮影）

武家の町

秋月

あきづき／朝倉市

山間に凝縮された城下町の風情

小規模かつ明快な城下町の構造

秋月の南西の一角に、樹木がこんもりと茂った時櫓《ときやぐら》跡の丘がある。かつて鐘の櫓が築かれ、秋月城下に時刻を告げたこの要所は、町の景観を見渡す絶好の場所となっている。

秋月という地名は、十世紀半ばにこの地が筥崎宮の荘園になった時の「秋月荘」に由来するという。建仁三（一二〇三）年以降は、古処山城《こしょさんじょう》を本拠にした秋月氏が、秀吉によって天正十五（一五八七）年に日向国財部《たからべ》（高鍋）に移封されるまでこの地を支配した。慶長五（一六〇〇）年には筑前福岡藩主・黒田長政の叔父・直之にこの地が与えられたが、元和九（一六二三）年には長政の三男・長興《ながおき》に五万石が分知され秋月藩が成立した。

長興は直之の居館跡を整備し、秋月城を構えた。その際に行った城下の縄張りが、秋月城下町の基盤となっている。文政二（一八一九）年に描かれた「秋月御城下絵図」には、野鳥川《のとりがわ》を境に城下が南北に二分され、さらに東西で区分けされた城下の見取り図が示されている。東・南側には藩主の居館地を囲む上級家臣の屋敷を、西・北側には街道筋に沿った町地と下級武士の屋敷を、周辺山裾の要所には社寺地を配し、さらに東西軸・南北軸の街道出入り口には枡形《ますがた》と番所を配置するなど、小規模ながらも城下町の構造が明快に整えられている。

これら絵図に描かれた基盤構造を今の秋月の町と重ね合わせてみると、その規模や形態がほとんど変わっていないことがわかる。明治維新を経る時代の変化の中での士族の流出による屋敷地の田畑への転用、さらに昭和初期の道路整備などによる部分的な基盤の変化はあるものの、道路網、水路網、古

時櫓跡からの眺望

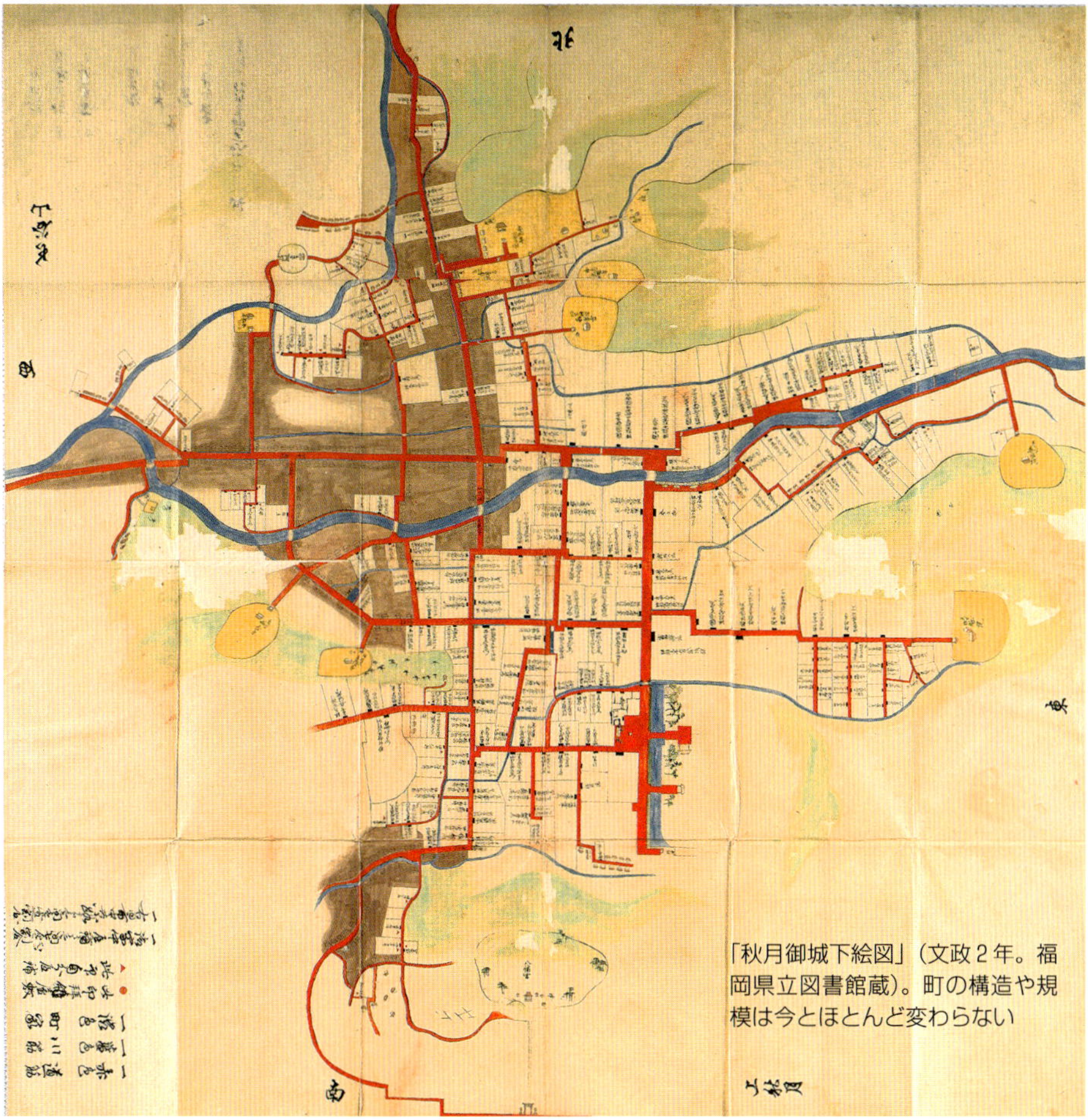

「秋月御城下絵図」（文政２年。福岡県立図書館蔵）。町の構造や規模は今とほとんど変わらない

木、石垣・石畳、土塀、庭園などの基本的な町並みの要素はそのまま残されている。今日見る秋月の歴史的景観は、こうして残された基盤の上に、度々の大火でも焼失を免れた城門や武家屋敷、町家、社寺などの建造物が点在し、後々に建て替えられたものと混在一群となって形成されている。

平成十年四月には、面積約五八・六ヘクタールの広域が文化財保護法に基づく「重要伝統的建造物群保存地区」に選定されるなど、秋月の歴史と文化が織りなす景観の価値は高い。

流麗な円弧を描く目鏡橋

甘木方面からの秋月の入り口に架かる白御影石《しろみかげいし》のアーチ橋が目鏡橋である。目鏡橋の上に立ち止まって聴く川瀬の音が心地良い。目鏡橋は文化七（一八一〇）年、長崎から招いた石工によって架けられた。川幅に比して両岸が低く、しかも流れが早いため極めて困難

な架橋であったという。しかし、この不利な自然条件を克服する石造アーチの難しさこそが、ゆったりと円弧を描く優美な造形を生み出す要因であった。

渡《わた》り初《ぞ》めは九代藩主・黒田長韶《ながつぐ》によって行われた。郷土史書『秋月史考』に記録された「此橋の渡始十月廿三日長韶公を始役懸の面々毘沙門庵より見物、渡始の式有之（略）橋の上にて臼曳歌うたひ候」からは、当時の秋月藩の人々の喜びが伝わってくる。昭和三十一（一九五六）年には県の有形文化財に指定され、平成十八年度には建造二百年を記念した修復工事が行われた。

二棟平行の独特の町家

秋月には、妻入り、平入り、入母屋《いりもや》、切妻《きりづま》などの建築形式が混在する瓦葺《かわらぶ》き屋根漆喰《しっくい》壁の町家が多く見られる。中でも、中町の石田家住宅は、御用商人・甘木屋遠藤家が宝暦十二（一七六二）年の大火後に再建した藩政期の町家である。

妻入り瓦葺き漆喰塗りで入母屋造りの西棟と、切妻造りの東棟の二棟が平行して立ち、通りに面して一筋に下屋《げや》庇《びさし》が掛けられた外観は、秋月に唯一残る町家形式となっている。内部の通り土間は、西棟が西側に、東棟が東側に通り、両棟の床高は揃えられ、隣り合

上：城下の入口に架かる目鏡橋。全国でも珍しい白御影石のアーチ橋で、長崎から石工を招いて築造させたもの（木下陽一氏撮影）
下：石田家住宅。一筋に下屋庇が掛けられ、2棟が繋がったように見える独特の構造

う内壁部の柱間造作は共用するという、一般の町家とは異なる構造である。ミセ、中の間、座敷、縁側、中庭の順に奥に続ける空間構成は、他の伝統的町家と変わることはない。町地を貫流する水路を利用した池泉のある中庭を配置するのも共通している。屋根下地に細竹を簀《す》の子《こ》状に敷き並べて小屋裏の化粧を兼ねる古い伝統工法も特色の一つである。平成三年には、解体復元工事が行われた上で県の有形文化財に指定されている。

秋月城址の黒門と長屋門

秋月城は、寛永元（一六二四）年に藩主・長興によって整備された。一筋に掘られた堀と石垣を築き、二重櫓や平櫓を建て並べ、表御殿と奥御殿に分かれていた。明治期に廃城となるが、その城址約四・三ヘクタールは、昭和五十五（一九八〇）年、県の史跡に指定されている。

　藩政期当時の建造物で残されているのは黒門と長屋門である。黒門は、秋月氏の本城であった古処山城の搦手門《からめてもん》を秋月城の大手門として瓦坂《かわらざか》の奥に移したものといわれる。その後、明治初期に垂裕《すいよう》神社の神門に移築された。今後早い時期に、城門に至る瓦坂を黒い瓦で敷き並べ、豪快な欅《けやき》の柱・梁《はり》・扉を黒く染めた黒門を再移築する、大手門復元整備が望まれるところである。

　奥御殿へ通じる裏手門として使われていた長屋門（本章扉写真）は、秋月城址で唯一現地に残る歴史的建造物であり、昭和六十二－六十四年の保存修復工事によって、今見るような北六間、南七間の規模で復元されている。石垣

秋の黒門（木下陽一氏撮影）

に挟まれた幅広く緩い勾配の石段の上に立ち、城下絵図にも描かれている巨樹に囲まれた姿は、秋月城下町の歴史的風致を象徴する景観となっている。黒門と長屋門は昭和三十六年に県の有形文化財指定を受けている。

茅葺き屋根の武家屋敷

秋月城に向かう「杉の馬場」に面して戸《と》波《なみ》半《はん》九郎《くろう》屋敷跡が公開されている。戸波家は知行三百石で、馬廻頭、鉄砲頭、中老、家老などの要職にあった家柄である。主屋の間取りは、明治以降の改修があるものの、式台玄関、座敷、床の間、外周縁など上級武家住宅の特徴を残している。座敷の南には山際から水を引いた池泉が残る。

武家屋敷・久野家住宅は、城址を真東に仰ぐ春小《はるこう》路《じ》に公開されている。初代藩主・長興から知行を受けた上級武士の生活を物語る武家屋敷である。道路沿いの石垣の上に土塀、腕《うで》木《ぎ》門《もん》、仲間《ちゅうげん》部屋、納屋、厩《うまや》を設け、寄棟《よせむね》茅葺きの主屋、渡り廊下で結ぶ離れ座敷、ヒバやヤマモモの古木が落ち着く築山《つきやま》池泉《ちせん》庭園、中庭、土蔵、井戸など、多くの棟と庭園が有機的に繋がっている。

主屋を構成する空間には明快な平面秩序が見られ、式台玄関を境にして北側には坪庭のある座敷を、南には台所のある日常空間を、そしてやや斜め奥

上：戸波半九郎屋敷跡。棟に千木（ちぎ）を飾る寄棟茅葺き屋根の主屋、瓦葺き長屋門、広い中庭、井戸、土塀、庭園などが、ほぼ当時のままの姿で保存されている
左：久野家住宅の台所／下：久野家住宅２階。当時の藩主から拝領したと伝わる数寄座敷

旧田代家住宅。平成22年に解体復元工事が行われた。土間と板敷の間は天井がなく吹抜けで、茅葺き屋根の小屋組みが見えている

には隠居部屋を置き、さらにその二階には藩主から拝領したと伝わる数寄《すき》座敷を設けている。長い歳月を経る中で、家屋の空間や部位の改変がある程度行われてきたと思われるが、庭園と一体をなす開放的な座敷空間の構成は、日本の伝統的木造家屋の規範を見るようである。

久野家住宅前の枡形から西に向かって月見坂を登った所に旧田代家住宅がある。文化三（一八〇六）年の大火後まで履歴が遡るこの武家屋敷は、秋月藩政期の武家住宅を知る上で貴重な文化遺産として市の文化財に指定され、平成二十二年度に学術調査に基づく解体復元工事を終えたばかりである。

復元された主屋は、平面が二棟に分かれ、表棟は中央に式台玄関と玄関の間を配し、その西側に座敷、東側に板敷の間と土間がある。奥棟もまた座敷と板敷の間を配し、これら両棟を繋ぐ板敷きの間には囲炉裏《いろり》がある。屋根も二棟にまたがるウの字型の棟を載せる寄棟茅葺き屋根に復元された。薬医門《やくいもん》は当初の門ではないが、土塀の復元に合わせて修復された。土蔵もまた当時の建築様式を伝える荒《あら》壁《かべ》仕上げの置屋根形式に復元された。庭園は、表棟の座敷南側に、奥棟は座敷北側に配されているが、地勢のためか池泉はない。

［工藤卓］

柳川

やながわ／柳川市

水と柳の城下町

堀割が縦横に巡る水の要塞

筑後平野の南端に位置する柳川の城下町は、縦横に走る掘割《ほりわり》と沖端川《おきのはたがわ》や筑後川、矢部川などの河川と有明海によって防備された水の要塞であった。

柳川に初めて戦略的な価値を見出したのは、この地方の土豪であった蒲池《かまち》氏である。永禄年間（一五五八－七〇）、蒲池鑑盛《あきもり》が初めて本格的な城を築いた。

その後、豊臣秀吉が九州を平定し、天正十五（一五八七）年、立花宗茂《むねしげ》が柳川藩十三万二千石に封じられ、柳川城に赴任した。ところが、関ケ原の戦いで西軍に与《くみ》した宗茂は慶長五（一六〇〇）年十一月に除封され、代わって慶長六年から田中吉政が柳川城の城主となった。石田光成を生け捕りにした勲功によって、三河岡崎十万五千石の城主から筑後一国三十二万五千石に領地替えとなったのである。田中吉政は着任するや、柳川城と城下町の大規模な改造を行った。北・西の沖端川を掘り替え、城堀を掘り直し、柳川城の西側に新たに八棟造り、五層五階、高さ十丈七尺五寸一分（約三三メートル）の天守閣を造営した。柳川人は、「柳川三年、肥後三月、肥前久留米は朝茶の子」といってその堅固さを自慢した。

元和六（一六二〇）年、立花宗茂が再封され、その後二百五十余年にわた

堀割（木下陽一氏撮影）。堀割はもともと、城の防御のため、矢部川から引き込んだ水を城下全域に張り巡らしたもの。現在は川下りが行われ、観光の目玉となっている

藩主の別邸であった御花の松濤園（上）と西洋館（下）。和洋並立の建物と庭園は明治期に整備された（２点とも木下陽一氏撮影）

り立花氏が柳川を治めたが、基本的には田中吉政が整備したものを踏襲した。

柳川城の本丸は明治五（一八七二）年一月十八日に焼失したが、柳城中学校の「へそくり山」が柳川城本丸・天守閣の跡で、柳川高校の敷地が二の丸跡である。本丸と二の丸が並立し、その周囲に三の丸が配置される「並郭《へいかく》式《しき》」と呼ばれる形式である。島原城や大分城、長岡城などがこの形式をとっている。天守閣の北側には附御櫓《つけおんやぐら》が付設され、その東北の区画には藩主居住と役所を兼ねた木造茅葺《かやぶ》きの本丸御殿があった。

三の丸には重臣屋敷が配置されたが、東側には穀物備蓄のための長倉《ながくら》が置かれた。その東南には黒門と布橋があった。元禄十（一六九七）年、三代藩主・立花鑑虎《あきとら》は、外小路《そとこうじ》（新外町）にあった御会所《ごかいしょ》を布橋近くに移設している。その南、奥州小路《おうしゅうこうじ》（奥州町）の一角にある黄檗宗《おうばくしゅう》・福厳寺《ふくごんじ》は、立花藩主一門の菩提寺である。歴代藩主の貴重な肖像画なども残されている。

三の丸南方には、鑑虎が元禄十年に築造した藩主一家の別邸「御花」がある。総面積は七千坪で、江戸時代は「花畠《はなばたけ》」といった。池を中心に松と庭石だけで配置された庭園「松濤園《しょうとうえん》」は、現在国指定名勝になっている。ここには薬草なども植えられていたという。明治四十二（一九〇九）年から四十三年にかけて大広間や西洋館も建てられ、現在に至っている。

江戸期の町割りが残る町

町人町・職人町は、内城（本丸・二の丸・三の丸）と外城で構成される「城内《しろうち》」の外側に配置されたが、今でも江戸期の町割りがよく残されている。

沖端川の左岸には、木材職人たちが住む材木町と、藩命により麹《こうじ》をつくる糀屋町《こうじやまち》があった。その南側には鍛冶屋町、寺町、宗元町（片原町）があった。宗元町という名は、町別当《まちべっとう》の逆巻次郎右衛門宗元に由来する。糀屋町の東側には蟹町《かにまち》があり、その南側に西魚屋町と八百屋町があった。蟹町の東側は上《かん》町《まち》で、その南側が中町から辻町（札辻本町、辻本町）である。この一帯には、町家（商店）が軒を並べていた。辻町の東側には、別当町（上町の一部）と切皮屋町《きりかわやまち》（恵比須町）があった。切皮屋町は、皮職人たちが居住していた。

上町と中町の東側には西覚寺に由来する西覚小路（常盤町）があり、弓組、鉄砲組、鷹匠組などの組屋敷があった。その南側に順光小路（曙町）があり、その南に瀬高町《せたかまち》（京町）があった。瀬高町という名は、瀬高宿に通じる往還に面していたことに由来する。柳川随一の商店街で、店舗や銀会所の倉庫などが立ち並び、毎年七月十四日に開催される「帷子市《かたびらいち》」は夏物の大バーゲンセールで、領内の村々から訪れる多くの買い物客で賑わったという。

瀬高町の南側一帯も職人町と町人町で、小道具小路（小道具町）、東魚屋町、椿原小路（椿原町）、北長柄小路《きたながえこうじ》（北長柄町）、細工町、新町、南長柄小路（北長柄町）、出来町があった。小道具小路は、鍔《つば》など刀剣の付属品をつくる職人やそれを取り扱う商人たち、足軽など下級武士が居住した区域である。北長柄・南長柄小路は長柄（槍）組の足軽や扶持人《ふちにん》などの居住地域であった。細工町には、金・銀や鼈甲《べっこう》などの細工職人が居住した。

上：旧戸島家住宅。寛政年間の建築といわれる数寄屋風の藁葺き屋根住宅で、藩主の茶室としても使われた。県指定有形文化財で、座観式の庭園は国指定名勝／右：十時邸（木下陽一氏撮影）。十時家は旧柳川藩の重臣

左：吉開家（鶴味噌醸造）の煉瓦蔵。大正期に味噌の製造工場として建てられたもので、通称「並倉」と呼ばれる。国登録文化財

左下：なまこ壁が印象的な白秋生家。主屋は明治の大火でも焼失を免れ、昭和44年に修復・復元された。県指定史跡（以上2点、木下陽一氏撮影）

町人・職人の区画に下級武士の居住地域が混在しているのは、防衛上の見地からであろう。寺院についても、本通りの裏手の目立たない場所に造営されるなど、外部からの攻撃に備えた配置になっている。

　このように、柳川はもともと防衛のために人工的に整備された城下町であったが、今では、いかにも水郷柳川らしい歴史情緒溢れる魅力的な景観を醸し出している。旧戸島家住宅や十時邸《ととき》などの武家屋敷、寺院、北原白秋生家や吉開《よしがい》家の煉瓦蔵など、歴史的な建造物も豊富である。

［河村哲夫］

久留米

くるめ／久留米市

寺町に残る江戸期の面影

毛利・田中・有馬氏の城下町建設

久留米の地名が文献に見えるのは鎌倉時代末からで、高良大社《こうらたいしゃ》との関係がある中世村落として現れる。久留米城の築造は永正年間（一五〇四－二一）と伝えるが、都市的な景観を持つことになるのは天正十五（一五八七）年の豊臣秀吉による島津攻め後、「九州国割り」が行われ、毛利秀包《ひでかね》が御井《みい》・御原・山本郡三万五千石の領主として久留米城に入城してからである。毛利代の城下町建設については不明なところが多い。

次に慶長六（一六〇一）年、関ケ原の戦いの功績で筑後一国が田中吉政に与えられると、久留米城は筑後北部を支配する拠点として整備される。この時代には元町、三本末町、通町などに町家が、元町に寺院三カ寺が集められ、都市的な空間が形成されたことが知られるが、元和元（一六一五）年の一国一城令によって久留米城は廃城となった。

元和七年、筑後北半二十一万石の大名として有馬豊氏《とようじ》が久留米城に入り、現在まで痕跡を残す久留米城と城下町が建設される。有馬家は入部するとただちに城郭と城下町の建設に取り掛かり、東向きだった城を南向きに変え、北から本丸、二の丸、三の丸、外郭（四の丸）が並ぶ連郭式の構造を持つ

城下防衛の一環として寺院が集められた寺町。現在は17の寺が残る

寺町通りは両側に寺院が立ち並び、静寂な空間が広がっている

城郭として建設した。城郭の外側に城下町と武家屋敷地を配置している。

訪れる人々を癒す寺町

この城下町建設の骨格は現在の市街地に引き継がれているが、城郭部分は本丸部分を残すのみで、他の郭は工場敷地や学校用地、住宅地に変わり当時の面影を残すものは少ない。武家屋敷地では京隈小路《きょうぐまこうじ》（京町）、荘島小路《しょうじまこうじ》（荘島町）、櫛原小路《くしはらこうじ》（櫛原町）などの道路割りにその痕跡を残すが、武家屋敷の残りは極めて悪い。その中で城下町の東端に建設された寺町は往時の姿をよく残している。

有馬氏は入部直後の元和七（一六二一）年から寺町の建設に取り掛かり、田中吉政代に建設した元町の寺院三カ寺を移転させるなど、寺院の集中を図り、最盛期は二十五カ寺を数えた。現在は十七カ寺が現存し、天台宗以外の各宗派の寺院がある。

徳雲寺《とくうんじ》には久留米絣の始祖・井上伝《でん》、国指定史跡である高山彦九郎墓がある遍照院《へんじょういん》など、各寺院には久留米の先人が多く眠る。また、各寺院の伽藍《がらん》もバラエティに富んでおり、本泰寺《ほんたいじ》の山門は元禄年間（一六八八－一七〇四）の建築といわれ、市指定文化財である。道の両側に並ぶ寺院の景観は訪れる人に安らぎを与えずにはおかない。

［古賀正美］

三奈木

みなぎ／朝倉市

田園地帯に点在する武家屋敷跡

三奈木黒田家の知行地として

三奈木は朝倉市の中央部に位置する。筑後川の支流である佐田川の最狭部に昭和五十二（一九七七）年に建設された寺内ダムは、福岡都市圏の水瓶の一つで、下流域に灌漑《かんがい》用水を提供している。三奈木はこのダムにほど近い扇状台地の水口部分にあり、のびやかな田園風景が広がる。集落内には水路が巡り、屋敷の周囲を生垣で囲う民家も見られ、水と緑の豊かな環境である。

中世、三奈木庄として東福寺領、征西将軍・懐良《かねよし》親王に従い下向した五条頼元らが領したが、戦国期には秋月氏の支配下にあったと考えられる。

慶長五（一六〇〇）年、黒田長政が関ケ原の軍功により筑前を与えられ、家臣である黒田一成には下座《げざぐん》郡に所領一万二千石が与えられ、三奈木村に居住することとなる。元禄十五（一七〇二）年には一万六千石余となる。福岡藩では成立期以来の大身の家老が次々と取りつぶされる中で、家老としての地位を保ち、藩内で唯一、一万石以上の家臣として明治期まで続く。

藩内支配の強化のために初期の知行制が形骸化され、中期には蔵米《くらまい》知行制（家臣への俸禄として知行地ではなく米を与える）へと移行する中で、三奈木黒田家は陪臣《ばいしん》が在郷して農業経営を行うようになる。知行地を与えられた

旧三奈木黒田家別邸（御茶屋跡）。現在建物はないが、当時を偲ばせる庭園の池や庭石、屋敷林が残っている。地元の有志団体「黒田屋敷を守る会」によって月１回の清掃活動が行われている

上：街道沿いに残る伝統的な妻入り民家
左：安陪家住宅。19世紀前半に建てられた中級武家住宅で、日常生活のための内向き空間と接客空間とが明確に分離した内部空間を持つ

家臣は馬乗《うまのり》と称して、初期以来自分たちの主たる知行地に代々居住し、領内各村に居を構え、半農藩士の生活を営んできた。そのため一般的な農村集落とは異なる状況が見られる。

黒田屋敷の保存と整備

三奈木は田圃の中に集落を形成し、街道沿いに宅地を並べる。集落を形成する宅地と背後の水田との境、街道沿いに水路が通されている。現在もこの水路から屋敷地の池へ水を引き込んでいる。

三奈木の町並みの中心的役割を果たすのが旧三奈木黒田家別邸（御茶屋跡）である。現在、別邸の建物はすべて取り壊されているが、座観式《ざかんしき》の庭園が市指定名勝として保存されている。庭園の発掘調査によって、園地を中心に見ると大きく三期、部分的な改修も合わせると四期の変遷が確認されており、今後、江戸後期の二期を基準とした復元が計画されている。

旧三奈木黒田家別邸周辺には、屋敷林・生垣などで囲まれた敷地中央に屋敷を構えた武家住宅の加藤家、安陪家などがあり、平成二十一年三月、安陪家は県の文化財に指定されている。平成十九年には「黒田屋敷を守る会」が地元で結成され、三十数名の会員によって月一回、黒田屋敷の清掃活動が行われている。

［内田俊和］

八女福島の町並み（木下陽一氏撮影）

商家の町

八女福島

やめふくしま／八女市

伝統工芸が息づく重厚な町並み

原点は城下町

八女地方は、八女山地、筑肥《ちくひ》山地、広川丘陵に囲まれ、それらの山地から流れる矢部川とその支流の星野川がつくる沖積平野に位置する。福島の町並みは、この八女地方の中心の、北側の八女台地と南側の矢部川の間の低位段丘上に位置している。「福島」の地名は、ここがやや高くなっており星野川や矢部川の洪水時に「島」状になることに由来すると考えられている。

八女市の中心市街地の一部である八女福島の町並みは、慶長六（一六〇一）年に整備された城下町の町人地の部分がその起源である。この町人地には、久留米から黒木へ向かう往還筋（豊後別路）に沿って、矢原町《やばらまち》・古松《ふるまつ》町《まち》・京町・宮野町・紺屋町《こんやまち》が並ぶ。

寺院や神社は中世から存在しており、矢原町の正福寺《しょうふくじ》は文明九（一四七七）年に福島に移転、京町の明永寺《みょうえいじ》は大永六（一五二六）年開山、紺屋町の西《さい》勝寺《しょうじ》は天正十一（一五八三）年創立と伝えられている。その後、天正十五年に豊臣秀吉によって上妻郡《こうづまぐん》領主として封じられた筑紫広門《ひろかど》が日常の居館として福島に福島城を築城した。

古松町の町並み。手前左が房屋（ふさや、37頁の写真参照）。提灯・仏壇の店舗が残る

宮野町の町並み（通称「横町」）。元造り酒屋や紙問屋などの大規模な居蔵が立ち並ぶ。戦前の道路拡幅により１階の下屋が短くなっている

その後、関ケ原戦で西軍に加わった筑紫広門と柳川の立花宗茂《むねしげ》は改易となり、これに代わって東軍に加わった田中吉政が筑後一国の領主となった。吉政は慶長六年に柳川城の支城として久留米城と福島城を改修し、福島では城の周囲を内堀・中堀・外堀の三重の堀で囲む城下町を整備した。本丸・二の丸を内堀が囲み、その外側を上級家臣の居住地が取り囲み、さらにその外側を中堀が囲み、その北側には中下級家臣の居住地、西南方から東南方には往還筋に沿って町人地が広がり、全体を外堀で囲む典型的な総郭《そうぐるわ》型の城下町の構成となっている。

この時に宮野町、矢原町は、周辺の宮野村、矢原村から村民を移転させて町場を形成したと考えられ、古松町の無量寿院《むりょうじゅいん》は市内の酒井田《さかいだ》より移された。一方、紺屋町は、他の町の街路がほぼ直線で、地割りが絶対方位に従い地尻《じじり》も揃っているのに対して、街路が二カ

右：祇園社横の外堀跡。埋め立てを経て狭い水路となってはいるが、周辺の建物とともに情緒ある景観を形成している
下：道が鍵型に折れる枡形。近くに制札があった

所で直角に方向を変え地割りがやや不規則なため、先の筑紫氏時代から存在した町場を継承した可能性が指摘されている。

道路は明治期・昭和初期の道路拡幅や新道の貫通などを経て、堀は埋め立てにより狭い水路になりながらも、当時の町割り（敷地割り）や街路構成、枡形《ますがた》、堀が今も継承されている。本丸跡は現在八女公園となっており、北端の小高い土塁には櫓《やぐら》があったといわれている。この櫓跡からは、西側から城に向かう道を見通せるようになっている。また、二の丸は現在八女市役所の本庁が立っている場所である。小字名にも「本丸」「二の丸」など、城下町時代を彷彿とさせる地名が残っている。

城下町から在方町へ

元和六（一六二〇）年に田中家は断絶し、替わって有馬氏久留米藩の所領となった。徳川幕府の一国一城令により、福島城は元和七年に廃絶されたが、町人地はそのまま残り、城下町・久留米から黒木を経て豊後へ抜ける豊後別路（往還道）に沿う在方町《ざいかたまち》として、久留米藩の中では小保《こほ》・榎津《えのきづ》（現大川市）に次ぐ規模の町として繁栄した。

町では月に九回市《いち》が立ち、「九才の市」と称された。各町が順番に市を開き、茶、和紙を始めとする周辺地域の産物が売買され、提灯（文化十三〔一八一六〕年創始）、仏壇（文政四〔一八二一〕年創始）などを製造する手工業も成立した。

重厚な景観を生み出す「居蔵」

町家の建物は、当初は草葺《くさぶ》き屋根がほとんどで瓦葺きのものはごくわずかであったが、江戸時代後期になると、集積した経済力を背景として、火災への備えから「居蔵《いぐら》」と呼ばれる瓦葺き塗込の土蔵造りの町家が徐々に増えていった。

左：八女福島の最初の居蔵である東古松町の房屋。墨書には天保９年に福島で居蔵の建設が始まったと記されており、当初は居蔵ではなかったが、天保９年に改築して居蔵となったことがわかっている
左下：昭和７年建築の木造洋風建物。現在はレストランとして利用されている

八女福島の居蔵は、江戸末期から明治期にかけて建設され、妻入り入母屋《いりもや》造《づく》り桟瓦《さんがわら》葺《ぶ》きを基本とし、外壁を大《おお》壁《かべ》とし白漆喰《しろしっくい》で軒裏まで塗り込め、腰を青石張りとし、間口が広い場合には袖《そで》下《げ》屋《や》を有する。この重厚な外観の居蔵が立ち並ぶ様子が福島の町並みの特徴であるが、その他に江戸末期から明治・大正・昭和初期各時代の草葺き、真壁造《しんかべづく》り、洋風木造建築や江戸前期の寺社建築など、多様な伝統的建築が残っている。

明治中期・昭和初期の二度の道路拡幅に伴う町家の軒切りによって、町家正面の一階意匠が大きく変化し軒先が極端に短いものもあるが、二階意匠は多くの町家が旧状を留めている。軒切りを免れたのは枡形近くの京町の平井家で、一階正面の下屋を大きく降ろした軒切り前の福島の町家の姿を見ることができる。

空間利用の工夫

宅地の地割りは短冊型で間口に比べて奥行きが長く、敷地内の建物の配置は、通りに面して主屋を建て、その奥に中庭を介して離れ座敷や土蔵を建て、一番奥には畑を配するのが基本である。中庭を囲んで便所、風呂場、炊事場が配置されている。

建物同士は雨落ちの溝のみ確保して隙間なく接して立ち、中には「もやい壁」といって、建物同士の間に屋根を掛け、壁を共有して表半分は土間側から、奥半分は部屋側からと交互に利用しているものもある。また、一階の部屋と土間の配置の関係は、南北の通り沿いの建物は必ず土間は南側、東西の通り沿いでは必ず土間が東側となっているのが興味深く、隣同士の建物の部屋が接しないようになっている。

上：明治5年築の平井家。軒切りを免れた貴重な町家／右：壁を共有する「もやい壁」の町家／下：八女福島の町家で一般的な中庭。主屋の奥に小さくも美しい庭を設え、光と風を取り込んでいる

このように密度高く建物が立ち並ぶ福島の町では、通り側にはほとんど樹木の緑が見られないが、主屋の奥の中庭は低木や山水が美しく配置され、光と風を取り込んでいる。この中庭は、来訪者は通常、町家を活用したカフェの座敷から見ることができるのみであるが、通りを歩く時に注意して町家の奥を見てみると、座敷の奥にちらりと緑が輝いて見える。

町家の雨戸や板壁などの外部に面する木部は、防腐のため赤いベンガラと柿渋《かきしぶ》、時には煤《すす》を混ぜた塗料が塗られる。このベンガラの赤みがかった色合いが、漆喰の白壁と並んで、福島の町並みを特徴づける色となっている。ベンガラ・柿渋は、年に数回塗り直す必要があり、福島地区では八幡宮の秋の放生会《ほうじょうえ》の奉納芸能である「八女福島の燈籠人形」が行われる前に塗り直すのが習慣であったといわれている。

伝統工芸・職人の町

八女は伝統的工芸品の八女福島仏壇、

八女提灯を始めとして、手漉《てす》き和紙、石灯籠など、多くの伝統工芸が継承されている地域である。仏壇・提灯の工房・店舗が多いのも八女福島の町並みの特徴で、特に町並みの西半分に集中している。昔からの工房に加え、近年では竹家具や木工、弓矢や革工芸、和紙製品などの工房を新たに構える例が続いており、ものづくりの町が新たな才能を引きつけている。

建物も商人の居住に適した商人型町家と職人の居住に適した職人型町家の二類型がある。わかりやすい違いは二階正面の窓の形で、商人型は二階の表の間を商品の収納の場所とするため閉鎖的な縦長の単窓となっており、職人型は畳敷きの居室とするため開放的な連窓となっている。

職人型町家。右頁上の商人型町家は縦長の単窓だが、職人型町家では開放的な連窓となっている

＊

現在の八女福島の町並みの魅力の一つは、観光地化されていない普段着の町というところである。往時の賑わいはないが、昔ながらの提灯・仏壇の工房や店舗、老舗の商店や生活用品の店が生業を続けている。一方で近年は町家の魅力を活かした飲食店や小売店が徐々に増え、来訪者に多様な楽しみを提供している。

このような町並みを継承していくために、建造物の伝統工法の技術継承と空き家の町家の活用には特に力を入れており、この取り組みの一部が社団法人日本ユネスコ協会連盟「未来遺産運動」の「プロジェクト未来遺産2009」（登録期間二〇一〇－一一年）に、プロジェクト名「八女福島　空き町家と伝統工法の再生による町並み文化の継承」として登録されている。

［高口愛］

黒木
くろぎ／八女市

矢部川と共生してきた山間の商都

山海の物資が行き交う在郷町

八女市黒木町は、福岡県筑後地方の南東部に位置する。熊本県境に延びる筑肥《ちくひ》山地に水源を持つ一級河川・矢部川が黒木盆地を西に下り、笠原川との合流点の北西に形成されたのが、黒木の町である。

黒木は平安末期の仁安二（一一六七）年、大蔵大輔《おおくらだゆう》・源助能《すけよし》が大隅国根《ね》占《じめ》から居を移したことに由来する。鎌倉初期の文治二（一一八六）年、矢部川と笠原川の合流点付近の東側山上に猫尾城《ねこおじょう》を築城し、もともとの地名であった黒木を姓に冠し、以後十六代にわたり在地領主として近郷二十一カ村を統治した。

猫尾城は、天正十二（一五八四）年、豊後・大友氏の攻略により落城。同十五年、豊臣秀吉の「九州仕置き」により福島城主・筑紫広門《ひろかど》の領有となり、関ケ原の戦い後、慶長六（一六〇一）年、筑後国主・田中吉政の支城として城代家老・辻勘兵衛が入城。元和元（一六一五）年の一国一城令により城は廃された。

南仙橋（45頁写真）より矢部川の上流域方面を望む。中央奥の山上に猫尾城跡（県指定史跡）がある。猫尾城は本丸跡の周囲に高さ約２メートルの石塁が残る、県内屈指の山城

昭和33年の黒木の町並み（連続俯瞰写真）。矢部川に沿って町場が形成されている

　江戸幕府は、元和六年、矢部川（御《お》境川《さかいがわ》）を藩境として、筑後国の北を久留米藩領、南を柳川藩領に分割した。廃城後の黒木の町場《まちば》は、豊後別路（旧往還道）の整備に伴い久留米藩領の「在郷町《ざいごうまち》」（農村地域における商工業の集積地）として発展を続け、江戸時代を通じて久留米藩五カ町の一つに数えられた。

　明治時代から昭和初期にかけ、近接する村方から豊富な山産物（茶、蒟《こん》蒻玉《にゃくだま》、堅炭《かたずみ》、楮皮《こうぞがわ》、皮白竹《かしろだけ》ほか）が町方に供給され、山海の物資が行き交い、八女福島に次ぐ「八女郡第二の商都」と謳われ、全盛期を迎えた。黒木の町並みは、これら農村集落から生まれたものと考えられている。

居蔵と並木の町並み

　中世期における猫尾城の城下集落の存在が推定されているが、詳細は明らかではない。

　黒木の町建ては、天正年間（一五七三－九二）に筑紫広門が下町《しもまち》、次いで慶長七（一六〇二）年に田中吉政が下町から東にクランクする経路で中町《なかまち》と上町《かみまち》を町建てし、二段階による鍵型の特異な街路が形成された。その際、中町と上町の屋敷奥となる北側に中井手《なかいで》用水が通され、次いで寛文五（一六六五）年に上井手用水、正徳四（一七一四）年には黒木廻水路《かいすいろ》が順次整備され、町並みの骨格が形成された。

　町並みは、文政四（一八二一）年に上町、明治十三（一八八〇）年に上町、中町及び下町の一部の一二〇戸が大火により焼失したが、大火前後にかけて茅葺《かやぶ》きから耐火性に優れた瓦葺きの「居蔵造《いぐらづく》り」へ変遷したものと推測される。

　明治期には、町並みの周縁を画す道路の貫通と拡張が見られる。町並みの東端近くの東上町北側では、明治二十年、北へ向かう鹿子尾道《かごおみち》、東へ向かう矢部道が直線化。明治二十三年には、上町から下町に至る道路両端の水路沿いに並木が植栽されたことが特筆され、大正十三（一九二四）年にそのすべては伐採されたが、町並みに梅と石榴《ざくろ》が交互に植えられた例は黒木だけとされる。明治四十一年六月、民俗学者・柳田國男は、石榴が赤く花咲き、梅の実がなる二、三町ほどを見聞した。流れを急ぐ小溝の水、平板な石を塗り込める居蔵の町家に印象を深くし「古く黒みたる市街」と評し、他に類を見ない並木の町並みを奇談として紹介している。

大正元年、中町の矩折《くお》れ部から津江《つえ》神社参道入口へ直結する新道が貫通。大正期を通じ、町家は大壁《おおかべ》造り妻入り形式に混じり真壁《しんかべ》造り平入り形式の建造が顕著となった。昭和前期には、町役場や学校、郵便局や警察署、銀行や医院などの洋館も登場し、今日に見る多様な屋根形式の混在する町並み景観が形成された。

大正時代の黒木の町並み。梅と石榴の並木は黒木独特のものだった

黒木の町家の建築的特徴

黒木の町家の一般的な構造は、妻入り二階建て、入母屋《いりもや》造り桟瓦葺《さんがわらぶ》きで正面と両側面に庇《ひさし》を付す。外壁は軒裏まで漆喰《しっくい》で塗り込める大壁造りの形式で、

中町の柴尾家住宅。明治13年の建築で、表構えの残る居蔵造りとしては最大規模

九州北部の商家に多く分布する居蔵の流れを汲む。外壁腰部の雨掛かりには、近在で採れる大振りの緑泥片岩《りょくでいへんがん》を張る町家もあり、明治の大火後に建設された町家では、両側面を真壁とするものが見られる。

　町家の一階正面は、土間筋に吊上《つあ》げ大戸《おおど》、見世《みせ》部に吊上げ蔀戸《しとみど》を設け、大壁に鉄格子窓、二階正面には、縦長で片開きの木製戸を吊り、内側に鉄格子をはめる。町家の一般的な平面は、一階は東側を下手通り土間、西側を床部として二列六室を配す。二階は正面を板敷きの倉庫、上手背面の一階座敷部分の直上に二階座敷を配す。昭和初期以降、大壁造りの居蔵形式から軒裏や柱筋を現す真壁造りへ変化し、一階は前土間形式となり柱間はガラス戸と雨戸を多用、全面に雨戸を引き通す町家が多く見られる。

藩境の水利慣行「廻水路」

　町並みの一部を構成する矢部川は、全長約六一キロ、灌漑《かんがい》面積は約一万二〇〇〇ヘクタールに及び、流域に広がるクリークや干拓地の灌漑用水は、支流及び「廻水路」により水分《みくま》りされる。特に八女市内の中上流域には、天然の瀬と淵が織りなす水辺景観が残され、国内でも有数の河川として知られている。

　江戸時代、久留米・柳川両藩は矢部川を藩境とし、石高確保のため耕地拡大を図った。本来、流域の灌漑には、灌漑面積の十五倍ほど必要とされる森林面積が、そもそも四倍程度と極めて厳しい水事情にあった。

　両藩は、矢部川の水をそれぞれ自領水として確保するため、数多くの堰や廻水路、助水路を築造した。この廻水路と呼ばれる水利慣行は、自領堰を普《ふ》請《しん》して水を引き込み、灌漑後の余水は対岸の藩が設けた堰の下に落とし、再びこの下流に堰を設けて自領に取り込む構造を特徴とする。これらの土木建造物は、高度な技術を見せる近世の水利遺産として、我が国では類例を見ない重要なものである。

下町の横溝家住宅。明治15年の建築で、当時は銀行業を営んでいた。腰壁の大きな緑泥片岩が異彩を放つ

黒木の町並みには、矢部川の水の恵みに感謝する「川祭《かわまつり》」と呼ばれる祭礼が息づき、町内会を単位とする「組」と呼ばれる組織により受け継がれる。現在では四月の「春の川祭」のみとなり、御幣《ごへい》などを結んだ竹飾りを河原へ立て込み、祈願が行われる。年間を通じ水路の草刈りなどの河川清掃も定期的に行われている。このように、川と共生する住民らにより黒木の水環境は守られている。

町家と廻水路が織りなす景観

黒木は、平成二十一年六月三十日付けで、全国で八十五地区目となる国の「重要伝統的建造物群保存地区」に選定された。保存地区は東西約一一〇〇メートル、南北約四〇〇メートル、面積約一八・四ヘクタールを測り、矢部川右岸の黒木町、矢部川水面及び左岸の農地を含む。

当地区は、高度な水利技術が発達した矢部川中流域に近世前期に成立した在郷町を中心とする。東端に素盞鳴《すさのお》神社、西端に津江神社が所在し、地区の東西を限る。両社はそれぞれ「黒木のフジ」（国指定天然記念物）、「津江神

上：廻水路と建築物が美しい水辺景観を形成している
下：旧松木家住宅。「まちなみ交流館」として公開されている

社のクス」（県指定天然記念物）で知られる。保存地区の中心部（西上町）には、平成十九年、「まちなみ交流館旧松木家住宅」が開館。耐震設計による耐震補強を施し、災害に強い防災型の町家として復元され、集会交流の拠点として一般公開されている。

町並みは、中町・上町の表通り北側は軒切りを受けたものの、通りに面し近世後期以降の居蔵造りの町家が軒を連ね、屋敷奥には、用水路や廻水路の玉石積《たまいしづ》み護岸や洗い場などが、離屋《はなれや》、醸造蔵、小堂などの建築物と相まって豊かな水辺景観を形成している。

矢部川河畔には、久留米藩築造の黒木堰や黒木廻水路（取水口）、町中を流れる水路、堰下の対岸には、柳川藩築造の三ケ名《さんがみよう》廻水路（吐水口《とすいぐち》）が見え、棚田や樹林地、溜め池など水利にまつわる歴史的風致をよく残し、我が国にとって価値が高い。

［大島真一郎］

上：昭和29年完成の南仙橋。欄干のうねりが歴史を感じさせる
下：木屋地区の農村景観

草野

くさの／久留米市

多彩な建築様式が混在する山裾の町

山辺道の町並み

屏風のように立ちはだかる耳納連山《みのうれんざん》の麓に、多様な外観を持つ町家が並ぶ草野の町並みがある。久留米城下から東へ向かう旧日田街道は途中で、耳納連山の山裾を通る山辺道《やまべみち》と、平野を通る中道《なかみち》に分かれる。草野はこの山辺道に宿駅《しゅくえき》として町建てされ、在郷町《ざいごうまち》として発展してきた。

日田街道の成立は慶長六（一六〇一）年に筑後の国主として入国した田中吉政の治世下とされており、この時期に現在の草野の町並みの骨格が成立したと考えられる。東西に走る山辺道の約九〇〇メートルの両端に枡形《ますがた》を配置し、その限られた中に草野の町建てが行われた。現在も枡形は残っており、東端の小さな枡形に面して専念寺と、県指定文化財の祇園社（須佐能袁《すさのお》神社）が立ち、西端には連続する大小二つの枡形が設けられ、草野口と呼ばれる構口《かまえぐち》を構成していた。東の枡形の側を流れる発心川《ほっしんがわ》を境にその東側は紅桃《こと》林《ばやし》に属し、当初家並みはなかったが、次第に草野の町並みが広がり連続した町並みが形成された。

大正の初め頃、町並み南側の裏道に面した民家も建てられ始めた。西の枡形近くの山辺道から南へ緩やかに上る通りに面して広がる農村集落が矢作《やはぎ》地区で、草野・紅桃林・矢作は久留米市の条例に基づき、昭和六十二（一九八七）年に「久留米市草野町伝統的町並み保存地区」に指定された。

瓦葺きの大型町家の登場

江戸期は草葺き町家が並んでいた草野であるが、瓦葺き町家も江戸後期には建ち始め、この地区で最も古い民家

東の枡形付近。左奥の専念寺の前で通りが直角に曲がっている（木下陽一氏撮影）

白漆喰と木格子のコントラストが美しい鹿毛家

である鹿毛《かげ》家は一七八〇年頃の建設である。地区の中央あたりの山辺道南側に広壮な屋敷を構え、切妻桟瓦葺《きりづまさんがわらぶ》きの二階建ての主屋が耳納連山を背景に静かに佇んでいる。平入り大屋根の中央に、切妻屋根妻入りの中二階が載る特殊な外観で、外壁の白漆喰と木格子のコントラストが美しい。江戸時代から醤油醸造や櫨蝋《はぜろう》製造、質屋などを営んだ商家で、明治三十七（一九〇四）年の財産目録によると敷地内に数十棟の蔵が並んでいたという。現在残っている主屋・表門・蔵・井戸小屋が県指定文化財となっている。

江戸期には少数であった瓦葺き町家が、明治期なると本格的に普及し始める。明治二十五年製作の石版画「祇園社俯瞰絵図」（一〇頁参照）には、平入りの切妻草葺き町家と妻入りの入母屋《いりもや》瓦葺き町家が混在している様子が描かれている。明治期には大地主などの分限者《ぶげんしゃ》による大型の質の高い町家が多く建てられ、今日見られる草野の伝統的景観が形成された。

明治二十二年建設の中野家は山辺道南側の広大な敷地に立つ入母屋桟瓦葺き妻入りの大型町家で、外壁を火災から守るために土壁中塗り仕上げの土蔵造りとなっている。江戸時代から酒造業を営み、敷地東側に酒蔵が立っていたが現在は残っていない。主屋の西側に瓦屋根付き板塀と門が配されている。

進取の気質に富む洋風建築

明治の終わり頃から大正にかけて、外壁を下見板張《したみいたば》りとする二軒の洋風建築も建てられている。明治四十四（一九一一）年建設の旧草野銀行と大正三（一九一四）年建設の旧中野医院である。旧草野銀行は山辺道南側の敷地に石門と唐草文《からくさもん》の鉄柵に囲まれた前庭を持つ寄棟《よせむね》桟瓦葺き妻入りの建物で、正面中央に和風の入母屋破風《はふ》の玄関ポーチを持つ和洋折衷の様式である。

左上：旧草野銀行。現在は草野歴史資料館として、中世にこの地を治めた草野氏ゆかりの品などを展示／右上：旧池尻医院／下：旧中野病院。現在は山辺道文化館として喫茶店や貸し会議室がある。ロココ調のシーリング・メダリオンや廊下に架けられた馬蹄形アーチの漆喰飾りなど、内部意匠も見所が多い

旧中野病院は寄棟桟瓦葺き二階建ての大型の洋館で、二階の屋根の中央部からアクロテリオン（古代ギリシャ建築の棟飾り）を付けたペディメント（三角破風《はふ》）を突き出して玄関を配した、シンメトリーの堂々たる外観である。裏道の西端に立ち、西の大型の枡形を曲がると正面に玄関が見え、アイストップとして印象的な建物である。

二軒の洋風建築は、草野の繁栄ぶりと、新しい事業を展開するために洋風意匠を取り入れた進取の気質に富む当時の分限者の気概が伝わる貴重な建物で、どちらも国の登録文化財となっている。

旧中野医院が立つ裏通りには、大正期に建築された洋風建築の旧池尻医院や、本福寺本堂、良質の屋敷建築である山川家が立ち、各家の敷地南には、耳納連山へ続く緑地を借景に鑑賞用庭園が設けられている。かつては敷地南側に水路が走り、各庭にはその水を利用した泉水があったが、残念ながら現在は水脈が枯れている。

表情豊かな草野の町並み

草野・紅桃林地区では、酒造、醤油醸造、製蝋などの製造業を営む分限者や銀行が山辺道南側に間口の大きな敷地を構え、主屋を敷地間口一杯に建てず、脇に蔵を建てるか塀や門を設けて

矢作の景観。傾斜地に平らな敷地を確保するため石垣が築かれた

庭を配置しており、各家により様々な表情を持つ。現在は生垣で道路と隔てている敷地もあり、町家というより屋敷型の構えも混在し、通りに緑を提供している。これに対し山辺道北側は、小売業を主とする商家が多く、南側に比較して狭い間口の敷地一杯に切妻桟瓦葺き平入りの町家が立つ。この変化に富む町並み景観が特徴である。

農村集落である矢作は、南へ上る緩い傾斜の表通りと、それから分岐する脇通りに面して屋敷建築が立つ。表通りに面する敷地は、傾斜地に広大な平地を確保するため石垣を築き、その上に屋敷囲いとして瓦屋根付き板塀や生垣を設ける。表通りには水路が走っており、石橋を渡り石段を上って門をくぐる。その奥に主屋や納屋、土蔵を配置する。耳納連山を望むために主屋の座敷を南に配置し、山を借景とした庭園を座敷南に設けている。主屋の多くは入母屋桟瓦葺きの真壁造《しんかべづく》りである。草野・紅桃林の町家と異なり、表通りに沿って石垣が続き、塀や生垣越しに緑豊かな大樹と、その奥の入母屋屋根が垣間見えるリズミカルな景観が矢作の特徴である。

［大森洋子］

田主丸

たぬしまる／久留米市

天保絵図そのままの町割り

豊かな自然に囲まれた在方町

田主丸町は豊後街道中道《なかみち》往還沿いに発達した在方町《ざいかたまち》である。田主丸町の成立については記録により諸説あるが、概ね慶長年間（一五九六－一六一五）の町建てであると見られる。

天保七（一八三六）年の「田主丸町幷村絵図」には雲雀川《ひばりがわ》沿いの中道往還両側に屋敷地が描かれており、街道に面して間口が狭く奥に長い短冊形の地割りが見られる。絵図を西側から見ていくと、雲雀川を渡った場所に構口《かまえぐち》があり、往還は北側へ延び横町から東へ折れて中町（現在の田主丸中央商店街）に入る。往還筋には法林寺、高札《こうさつ》場《ば》、石垣新宮御《お》旅所《たびしょ》などが見える。続く祇園町の北東隅には祇園社、栄福寺、南側には手津屋《てつや》があり、この場所に枡《ます》形《がた》が設けられている。祇園町の東側には下新町・中新町・上新町が続き、上新町の雲雀川を渡る手前に構口が見える。構口からさらに東には、田主丸町より成立が古いとされる吉田町が続く。街道と並行するように町内を流れる雲雀川は、寛文四（一六六四）年に従来の吉田溝を改修・開削してできた用水である。

田主丸町は、江戸時代以降現代に至るまで、周辺地域の産業・経済の中心地として発展してきた。町内には酒・醤油などの醸造業や呉服商、製蠟業など様々な商家が軒を連ねていたようである。中でも、宝暦年間（一七五一－六四）に藩御用聞きを務めた久留米藩有数の豪商・手津屋は、田主丸町の中心地に本店を構え、この地から巨瀬川《こせがわ》、筑後川を下り、河口の若津までの河川運輸の特権を得て、大阪出店との間に輸送路を確立し、廻船による活発な商業活動を行った。

多様な景観が楽しめる「河童の里」

田主丸の町並みは、他の地域と同様

上新町の町並み

に、時代の変遷とともに変化を遂げてきた。しかしながら注意深く観察していくと、枡形など街道の形状を含めた江戸時代の町割りや、多くの江戸－昭和初期にかけての建造物、工作物が良好に残っていることがわかる。

上：祇園社付近。写真左は久留米藩有数の豪商であった手津屋の土蔵
下：田主丸の景観を象徴する雲雀川と河童の石像

現代的なファサードの商店の背後には町家が続き、天保絵図そのままに奥行きの長い敷地が延びる。また、絵図にも見える若竹屋酒造には元禄期の酒蔵が現在も残り、町内の街道筋には漆《しっ》喰《くい》による美しい装飾が目を引く旧古賀薬局や手津屋本店の土蔵や建物、旧田主丸郵便局や旧田主丸銀行などの昭和初期の洋風建築、白壁の居蔵造《いぐらづく》りの建物など、バリエーションに富んだ町並みが残されている。

家々の軒下を流れる雲雀川には、石組みや石橋、川面へと下りる洗い場の階段などが残り、水面に枝を伸ばす木々の緑と相まって特徴的な景観を形づくっている。また、石橋の欄干には橋ごとに異なるユーモラスな表情の河童の石像が置かれており、それらを巡るのも田主丸町を探訪する楽しみの一つである。

［丸林禎彦］

甘木・比良松

あまぎ・ひらまつ／朝倉市

日田街道沿いの典型的な在郷町

朝倉地方の中心地・甘木

甘木は甘木山安長寺《かんぼくざんあんちょうじ》の門前町で、古くから物資の流通の拠点であった。二日町、四日町、七日町、八日町という地名が今も残るが、市《いち》の立日が町名になったといわれている。江戸期は福岡藩第一の在郷町であった。近代に入ると、近世後期に奨励された櫨蠟《はぜろう》、絣《かすり》、絞りなどの産業が活発となり、朝倉地方の中心商業地として発展した。

町並みは旧街道を中心とし、最も隆盛を極めた明治から昭和初期に建てられた瓦葺《かわらぶ》き塗屋《ぬりや》造《づく》りが多い。また、周辺に点在する店舗の多くも、この時期のものである。その後、中心市街地としての役割を担うために、時代に即した外装がなされ、建物群としての統一感は薄れているけれども、高水準の技術と材料を用いて建設された建物が散在している。

小規模だが質の高い景観・比良松

広大な筑後平野の北端を一直線に走っている日田街道沿いには、古くから発達した商業集落がほぼ等間隔に分布している。比良松はその中で、規模の大きな甘木と杷木《はき》のほぼ中間にあり、酒・醤油などを近郊農村に供給する典型的な商業集落として発展した。

比良松には甘木と同様に瓦葺き塗屋造りの重々しい町家が数多く残ってい

なまこ壁を残す甘木の老松醤油

入母屋造り妻入りの重厚な町家が軒を連ねる比良松。比良松の町並みは、規模は小さいものの、良質の町家がまとまって残る

る。その多くは明治年間になると見られ、当時の近郊農村の商業地としての発展ぶりを示している。しかし、明治四十一（一九〇八）年、新県道（現国道三八六号）の開通に伴って新しい店舗が新県道沿いにできる。大正期には、飲食店七軒、料理屋六軒、宿屋四軒、豆腐屋四軒、銭湯二軒、その他があり、特に飲食店、料理屋が多いのが特徴である。

町並みは緩やかに屈曲する街道に沿って約一キロにわたって連なり、草葺き、瓦葺き、妻入り、平入りの町家が混在している。特に南側には往時の表構えをそのまま留めた入母屋《いりもや》造《づく》り妻入りの居蔵造《いぐらづく》り町家が五棟連続している。街道の周辺も、起伏のある地形の中に建物と生垣が調和した歴史的景観が形成されている。

［内田俊和］

筑後吉井

ちくごよしい／うきは市

白壁の町家が連なる分限者の町

水の恵みと「吉井銀」よる発展

「筑紫次郎」の名で知られる九州随一の大河・筑後川と崖状の耳納連山《みのうれんざん》の間に広がる筑後平野は、畑や水田が広がる豊かな農地を形成している。その中を久留米市から国道二一〇号線を東へ走り巨勢川《こせがわ》を渡ると、突然白壁土蔵造りの町並みが出現する。それが、うきは市吉井町の中心市街地である吉井地区。往事の繁栄ぶりが窺える豪壮な商家が並んでいる。初めて訪れる人は、あっと驚くに違いない。交通量の多い国道沿いに、よくまあこれだけ多くの伝統家屋が残ったものだと。

吉井には、古代の条里制跡が見られるように古くから集落が存在していたが、現在の吉井の地割りが行われたのは、関ケ原の戦いの後に筑後国を領した田中吉政の治世下である。久留米城下から天領・日田へ向かう日田街道中《なか》道《みち》の東西約六〇〇メートルを枡形《ますがた》で限り、その中に短冊形の地割りを行った。中央の札《ふだ》の辻《つじ》から南北へ道を延ばし、その先に相対するように大庄屋屋敷を配した。

明治20年建築の矢野家

吉井に御茶屋や札所、旅人手形改《てがたあらため》などの宿駅施設が置かれたのは、田中氏に替わって久留米城主となった有馬《ありま》氏が寛文二（一六六二）年に領内に宿

「吉井銀」による繁栄を今に伝える、居蔵造りの重厚な町並み

駅を整備したことによる。こうして宿駅として出発した吉井であるが、次第に商工業機能を持つ在郷町《ざいごうまち》として発展し、天領・日田の公金を扱う豆田町の掛屋《かけや》「日田金《ひたがね》」に対して「吉井銀《よしいがね》」と呼ばれた金融業が十八世紀以降に発達し、経済的に大きな成長を遂げた。この頃には町並みが北へ広がっている。

この経済的発展の契機となったのが、筑後川から取水するために築かれた堰と大石・長野水道の開削である。それまでの吉井周辺の農地は、筑後川の水位が低いため畑地や荒地が主であったが、最初の工事が寛文四年に完成し、新たに約一八〇〇町歩の田畑の潅漑が可能となり、飛躍的に農作物の種類と収穫量が増えた。その豊かな農産物の加工・集散地として成長し、菜種から油を絞る製油業、櫨《はぜ》から蝋《ろう》を製造する蝋屋、米から酒をつくる酒屋、大豆から醤油を製造する醤油屋などの農産物加工業が興隆した。一部の商人はその利益を庶民に貸し付けてさらに資本力をつけ富を蓄積した。

町並みが維持されてきた要因

こうして分限者《ぶげんしゃ》となった商人は、明治期になり町並みに課せられていた建築制限が解かれると、草葺きの町家を瓦葺き土蔵造りの町家へ建て替えた。明治二（一八六九）年に起きた大火も、耐火性能に優れた土蔵造りの建築を促した。土蔵造りは住居と蔵を合わせた意味で「居蔵造《いぐらづく》り」と呼ばれる。

大正四（一九一五）年には日田街道（現在の国道二一〇号）を拡幅し、久留米から日田へ通じる筑後軌道が完成した。その際に東西の枡形の間は道路北側を拡幅し、西の枡形から外へは道路南側を拡幅した。拡幅した道路片側で多くの建物が建て替えられることとなり、明治期と大正期の居蔵造りが道路両側で相対する町並みが形成された。このように大正期に道路拡幅を行っていたため、国道となっても大きな改変がなく、今日まで町並みが残った。

伝統家屋が多く残り、歴史的景観がまとまって存在している二〇・七ヘクタールが平成八年に国の「重要伝統的建造物群保存地区」に選定された。地区内の一五八の伝統的建築物と九十九の石垣・石橋・石祠などの伝統的工作物、九の庭園や樹木などの環境物件が保存物件に特定されている。

国道と「白壁通り」の見所

国道と白壁通りには、大型から小型

上：真壁造りの町家・林肥料店
下：なまこ壁の松田家（写真右）

上：ねずみ漆喰壁が特徴的な碓井家
中：鏡田屋敷。幕末から明治期に建てられたもので、当初は郡役所の官舎であったという
下：水路から水を引き込んだ鏡田屋敷の池

の様々な大きさの重厚な入母屋《いりもや》桟瓦葺《さんがわらぶ》き白漆喰《しろしっくい》の居蔵造り妻入りの伝統家屋が軒を連ねるが、その中に平入り入母屋造りや、軽快な真壁造《しんかべづく》りの町家も混じる。

腰壁は、明治期建設の家屋は竪板張《たていたば》り、大正・昭和期はモルタル塗りが基本であるが、質の高い建物は「なまこ壁」となっている。内部は良質の欅《けやき》、杉、松を用いて骨太な柱と梁《はり》で軸組みが構成されており、圧倒される空間である。平面は、通りに面した土間を店の間として利用し、間口が狭い小型の町家であれば通り土間に沿って一列に三室が並び、間口が広くなれば通り土間や部屋を広くするか角座敷を設ける。

町並みの中で目を引く大型町家としては、白壁通り東側に明治十二（一八七九）年建築の古賀家、国道南側に明治二十四年建設の松田家がある。古賀家はかつて製蝋業を営み広大な敷地を構え、主屋は妻入りの入母屋居蔵造り、腰はなまこ壁と、建設当時の姿をよく残した質の高い町家である。主屋脇に門を挟んで袖蔵を構える。

大正期の大型町家には、国道北側に立つ大正七（一九一八）年建築の碓井家がある。主屋は入母屋居蔵造り妻入りで、一階の窓にはめられた格子がねずみ漆喰壁に映える。主屋脇に瓦屋根付き板塀と門を構え、前庭の奥に角座敷を配置している。塀越しに見える樹木が国道の景観に潤いを与えている。

白壁通りが南新川に出合う辺りに市の公開施設「居蔵の館」が立つ。明治末期に建てられ、大正初期に改築された大型の町家で、主屋脇には板塀を配して広大な庭を囲っている。玄関を入ると土間があり、飴色に光る二四〇ミリ角の大黒柱と太い梁の構成がシンプルで力強い。

二つ目の市の公開施設が、「居蔵の館」から東へ二〇〇メートルほどの位置に南新川に北面して立つ鏡田屋敷。数少ない屋敷型建築を代表するもので、幕末から明治初期に主屋が建築され、その後明治二十六年頃に座敷と二階の増築が行われている。当初郡役所の官舎として建築され、明治後期頃から住宅として使用されていた。屋敷の北と西には才《さい》の木溝《きみぞ》が流れ、北の溝に架かる橋を渡り屋敷に入る。主屋は入母屋桟瓦葺き平入りの大型の住宅で、敷地の北東と北西の隅には土蔵が配されている。面白いことに文久三（一八六三）年建築の北東の土蔵は住宅として改装され、画家のアトリエ兼住まいとして利用されている。南側の庭園には北の才の木溝から西の溝へ流れをつくった池がある。水路の水を上手に利用していた当時の生活がわかり興味深い。

右：町並み交流館商家。昭和３年建築で、もとは乾物魚類問屋であった。現在は内部見学の他、食事を楽しむこともできる
下：町並み交流館商家の土間に掛かる長さ４間の梁

三つ目の公開施設が、国道南に立つ「町並み交流館商家」である。昭和三（一九二八）年に乾物魚類問屋「松源商店」として建築された入母屋居蔵造り妻入り町家。上屋梁間《はりま》が六間と広く、立ちも高い大型の建物で、土間の梁が四間の長さを飛び、吹き抜けがある。二階には床の間のある大広間が設けられている。

吉井のもう一つの顔——水の町

吉井の町並みを特徴づけるのが、町並みの中を流れる複数の清流の存在である。日田街道の北側を並行して西流する災除川と南新川である。川には洗い場が設けられており、生活用水として利用されていた。災除川の護岸は玉《たま》石《いし》や割石《わりいし》の野面《のづら》積み石垣が残り、川に向けて庭園を設けている家が多いことから、清流と味わい深い石垣、豊かな緑、その奥に見える伝統家屋といった、国道沿いとは異なる風情のある景観が

白壁の町並みの間を流れる災除川。写真右下に河童の石像が見える

楽しめる。河童伝説のある筑後川流域らしく、可愛らしい河童の石像が川べりに置かれているのはご愛嬌。

南新川は吉井の興隆を導いた大石・長野水道の一部に当たる。水流が多く、県道五一一号線に架かる橋からは、堰《せき》により分岐した水路が段違いに並行してとうとう流れていく光景が見られる。下流には南新川沿いに遊歩道が設けられ、水神社で休憩しながら川と緑に囲まれた屋敷を眺められる癒しの空間となっている。かつては南新川と災除川の落差を利用して、二本の川の間に水路を引き水車を回していた。この二本の川に挟まれた金川地区では宝暦七（一七五七）年に最初の水車が設置され、その後精米や櫨実・菜種の粉砕のために次々に増設された。現在、水車は撤去されているが、家の間を抜ける水路は残っており、人々と水の密接な関わりに感心させられる。

このように、白壁居蔵造りの町並みだけが吉井ではなく、水と関わる空間を豊富に持っていることも魅力であり、吉井の町に奥行きを持たせている。平成二十二年六月に国道の電線地中化が完成し、町並み景観にますます磨きがかかっている。

［大森洋子］

北川内

きたかわち／八女市

小さな盆地に同居する町並みと石橋

山々に囲まれた豊かな小盆地

　蛍と石橋の里として知られる上陽町《じょうようまち》北川内は、清らかな水が西流する星野川と山々に囲まれた小盆地の中に、多彩な伝統家屋の町並みと複数の石橋が存在する珍しい地域である。

　北川内は古来より豪族が住む農村集落で、天正十五（一五八七）年の豊臣秀吉による「九州仕置き」によりこの地域一帯が筑紫広門《ひろかど》に与えられた時、広門は大庄屋に北川内の小川半右衛門定宗を任命している。久留米城下から日田へ通じる山中《さんちゅう》街道に農家住宅が立つ農村集落も、江戸時代を通して周囲の豊かな農産物や材木の集積地として次第に在郷町《ざいごうまち》的な性格を強めていった。明治期になると、水田の中に整備された新道（現県道五二号線）に面して町家が建ち並び商店街が形成された。町家は入母屋《いりもや》真壁造《しんかべづく》り二階建て妻入りの商家が多く、昭和四十年代までは上陽町の中心商店街として賑わっていた。

伝統家屋と石橋群

　江戸期の農家住宅は寄棟藁葺《よせむねわらぶ》きの平屋建て直屋《すごや》が多く、その典型が南の高台に立つ木下家である。江戸時代末に建てられた民家で、藁屋根は金属で覆われているが、軸組みは初期の姿をよく保ち、歪みも少ない良質の伝統家屋である。大黒柱が黒光りし、ゴゼン（土間に面し、神棚がある部屋）の天井は囲炉裏に燻《いぶ》された美しい飴色の丸竹天井となっている。

　明治期になると大型の入母屋桟瓦葺《さんがわらぶ》き真壁造り二階建てのL字型平面の鉤《かぎ》屋《や》が多く建てられ始める。主屋の南側に農作物を干す作業用の庭（ツボ）を設け、それを囲むように主屋から南へ座敷をはり出した鉤屋となっている。座敷の前には庭園をつくり、ツボとは生垣や板塀で仕切る。この形式は旧道

上：倉員恒雄家。現存する主屋や離れ、納屋、土蔵はすべて明治時代に建設されたもの
左下：満州屋。屋根の棟に龍の飾り、窓は色ガラスと、チャイニーズ・バロック調の和風建築として異彩を放つ
右下：2連アーチの寄口橋

沿いに多く残り、その代表が倉員《くらかず》恒雄家である。木下家近くの高台に屋敷を構え、明治十八（一八八五）年建設の主屋、北側に中庭を挟んで明治四十二年建設の離れ、主屋の南にはツボを隔てて明治九年建設の納屋、さらにその南に明治十四年建設の土蔵が立つ。良質の木材をふんだんに使用し、高い技術で施工された貴重な民家である。

さらに北川内の町並みを特徴づけるのが、昭和初期に建てられた二軒の近代和風建築である。北川内の人々はパイオニア精神に富んでいるらしく、満州の料亭経営で財をなし帰国後に建てられた「満州屋」と、アメリカで農業経営に成功し建てられた「アメリカ屋」である。どちらも入母屋桟瓦葺き二階建ての凝った意匠の屋敷型建築である。一際目を引く満州屋は、施主が満州の料亭の意匠を持ち込み、自ら大工に指図して建てさせたといわれ、随所に地元大工の奮闘ぶりが窺える。

地元が最も誇りとしているのが、明治から大正期に星野川に架けられた県内屈指の石橋群である。上流から一連アーチの洗玉橋《せんぎょくばし》、一連アーチの寄口《よりぐち》橋《ばし》、三連アーチの大瀬橋《だいせばし》、四連アーチの宮ケ原橋《みやがばるばし》が架かれ、「ひ・ふ・み・よ橋」として親しまれている。

［大森洋子］

門前の町

薄明の太宰府（木下陽一氏撮影）

宰府

さいふ／太宰府市

今に続く「さいふまいり」の賑わい

平安から続く町の歴史

太宰府天満宮は太宰府で没した菅原道真の墓所に味酒安行《うまさけのやすゆき》が廟を開いたことを起源とし、その後、安楽寺、安楽寺天満宮と称していたものである。

門前町は、安楽寺が平安時代に朝廷や大宰府の官人の庇護や寄進により興隆していくとともに、その周辺に町区割が形成されたことに始まる。発掘調査によると、十一世紀中頃からの計画的土地区割が窺え、十二−十四世紀前半に遺跡のピークが見られることから、この頃に都市が形成されたと考えられる。戦国時代には武将による太宰府争奪戦に巻き込まれ衰退し、特に戦国時代末期には天満宮本殿も焼失し、町も疲弊していたと考えられる。

江戸時代になると、福岡藩が宰府村を本宿二十七宿のうちの一つ、日田街道に属する宿に定めることで宰府宿が成立し、現在の太宰府天満宮の門前の原形ができる。宰府宿では、天満宮に奉祀する社家の他、宿屋を始め様々な職業の人々が場所ごとに住み分けていた。現在の連歌屋《れんがや》から小鳥居小路《ことりいしょうじ》、参道を横断して溝尻《みぞしり》には、藍染川《あいぞめがわ》に合流する平安時代以来の水路があり、社地と町場の境界を示していた。山上（三条）、連歌屋、馬場には社家が住まい、宿坊も営んでいた。大町には宿屋や茶屋、新町から下町にかけては宿屋の他、

上：新町の西山家。明治初期の建築
右：五条の恵比須様。宰府周辺には恵比須の石像が多い

参道沿いの旧宿屋、日田屋（左）と大和屋（右）。現在はそれぞれ土産物屋、喫茶店として利用されている

職人や商人、地主などが居住していた。

宰府宿は後に「さいふまいり」と称される太宰府参詣者で賑わい、その姿は「博多太宰府図屏風」（斎藤秋圃画、天保十一年）や紀行文などに生き生きと描かれている。尾張の商人・吉田重房の『筑紫紀行』（文化三年）には、「太宰府に至る。町屋千軒ばかり、六七丁もたちつづけり。町中に銅の鳥居立てり。又一丁ばかりゆけば、一の鳥居とて大きなる石の鳥居あり。鳥居の前に下馬札たてり。銅の鳥居より此鳥居まで、一丁あまりの間は茶屋宿屋のみなり」と記されている。

明治新政府の施策は社家の困窮をもたらし、特に大社家が居住していた馬場では、参道や小鳥居小路沿いなどの土地の細分化が進み、商家などが増えていった。また、明治二十二（一八八九）年に九州鉄道（現JR九州）二日市駅が開業し、明治三十五年に二日市－太宰府間に馬車鉄道が開通するなど、太宰府は福岡からの日帰り圏となり、宿屋は減少した。昭和三十年代以降は自動車による日帰りの参詣が多くを占め、五条（中町、下町）から新町は住宅地へと変化した。

各町が見せる多彩な表情

宰府宿は明治になり六町に再編され、三条（山上）、連歌屋、馬場を上三町、大町、新町、五条を下三町と呼んだ。旧来の町並みは鍵型の道路と参道に沿って形成されていたが、近代以降に、五条交差点から東を迂回して太宰府駅前へ出る馬車鉄道の軌道だった道や、五条の北端と大町を接続する新道が敷設されたため、旧来の形状がわかりにくくなっている。一方、参道の東側は天満宮の天神の杜《もり》、西側は御笠川《みかさがわ》に迫る丘陵があり、緑に挟まれた立地で心地よい空間が保たれている。

参道、小鳥居小路、溝尻の通りには町家が集中している。他の通りでは屋敷が町家とともに散見される。町家は間口が狭いもので二間半、広いもので七間半、二階建てを基本とし、屋根は切妻造《きりづまづく》り、入母屋造《いりもやづく》りがあり、切妻は平入り、入母屋は妻入りが多い。屋根

参道南側の旧宿屋、大野屋（左）と松屋（右）

形式にかかわらず、一階正面に下屋庇《げやびさし》を設けるが、二階にも建物の間口一杯に、浅い下屋庇を設けることが多い。主屋は南北の通りに面する場合は南側を下手、東西の場合は東側を下手としているものが多い。

　現在の大駐車場から天満宮までは、名物の梅ケ枝餅を焼く飲食店や土産屋が軒を連ねている。建て替えも進行し、町家も改装されているものが多いが、店内だけでなく雨よけに設けられている庇の上を見てみると様々な表情があり興味深い。

　大町には宿屋であった江戸時代後期から明治初期の建築がまとまっている。北側に日田屋、大和屋、南に松屋、大野屋があり、大町の歴史的景観を形成している。南側東端の旧泉屋は改造著しいが、天保十二（一八四一）年の建築である。

　馬場には明治以降の建築が点々と残っている。天満宮に近い東端南側の甘

明治33年建築の甘木屋。
宿屋の面影を色濃く残す

木屋は明治三十三（一九〇〇）年の建築で、宿屋の雰囲気がよく残る建物である。参道には町並みを構成するものとして天満宮の石鳥居が立っている。西から元禄九（一六九六）年、黒田綱正建立、明治四十五年、伊藤傳衛門建立、境内入口に明治二十八年、京都市東洞院六角小村吉太郎他建立と並んでいる。

現在、天満宮裏門にある元禄十四年、黒田綱正建立の石鳥居は、もとは連歌屋交差点に立ち、元禄九年の石鳥居や斎垣《いがき》や水路とともに社地と町場の境界を示していた。また、『筑紫紀行』に描かれた銅鳥居《かねのとりい》は天明元（一七八一）年に唐津鯨組の常安九《つねやすきゅう》右《え》衛門《もん》が寄進し、大町のランドマークであったが、昭和十七（一九四二）年に供出で失われた。

参道にぶつかる小鳥居小路には町家が散在している。社地と町場の境界となっていた水路は花崗岩《かこうがん》の石蓋が載せられているが、連歌屋交差点から北側は開渠《かいきょ》となり、石積みで風情が感じられる。水路は「幸《さや》ノ元《もと》」と呼ばれる、御笠川に設置された堰から取水している。水路沿いの道は大師堂や猿田彦《さるたひこ》、夜泣き地蔵尊などがあり、恰好の散歩道である。

［城戸康利］

上：石鳥居が並ぶ参道。奥には天神の杜が見える
下：小鳥居小路の町並み。かつて社地と町場の境界であった水路が、右側の石蓋の下を流れる

英彦山

ひこさん／添田町

霊山に佇む山伏の坊跡

修験道の霊場として

添《そえ》田《だ》町《まち》の大分県境に聳える英彦山は、中岳を中心に南岳・北岳に分峰し、複数の山々を従えた北部九州随一の連峰である。英彦山神宮上宮を祀る中岳の標高は約一二〇〇メートル、門前の集落が形成される山麓も、標高約五〇〇メートルから約七〇〇メートルほどに位置し、福岡県では最も高地にある集落の一つである。

英彦山は古くは日子山《ひこさん》と称し、修験の霊山として信仰されてきた。その起源は定かでないが、日胤尊が降臨したという神道伝承、仏教公伝以前の僧・善正による開山、役行者《えんのぎょうじゃ》入峰の修験道伝承などが記録に残る。法蓮上人によって一大道場が整備され、平安時代に入ると彦山霊仙寺と改称、同時代末頃には四十九窟の末寺、山内には別院、山外には無数の坊があったと伝える。

中世を通して勢力を拡大し、大峯山（奈良県）、羽黒山（山形県）と並ぶ修験道場として繁栄したという。

十六世紀後半、戦国大名が割拠する北部九州において、彦山はしばしば戦禍に遭い、諸将による焼き討ちにより講堂・下宮などの諸建築が灰燼《はいじん》に帰し、衰退したという。

関ケ原の戦功により豊前国に入った小倉藩主・細川忠興《ただおき》は座主《ざす》家の再興から着手した。座主家は中世以来、後伏

左：英彦山神宮の奉幣殿。現在の建物は元和２年に小倉藩主・細川忠興によって再建されたもの
右：銅鳥居。寛永14年に佐賀藩主・鍋島勝茂が寄進したもの

石畳の参道沿いには往時を偲ばせる多くの宿坊跡が残る

見天皇の皇子・長助法親王《ちょうじょほうしんのう》の流れを引く由緒ある家柄である。慶長六（一六〇一）年、大納言日野輝資《てるすけ》の子息であった玄賀《げんが》（後の忠有《ただあり》）を座主として迎え入れることを画策、彦山への下向が決まる。また、忠興は座主家へ千石の知行を与え、経済的支援の面からも復興に尽力した。さらに先の戦渦により焼失した伽藍《がらん》を再興すべく、元和二（一六一六）年、忠興によって大講堂（現奉幣殿《ほうへいでん》）が再建され、内陣に本尊ほか六体が安置された。伽藍復興の先駆けとなった大講堂は桃山の建築様式を示す寄棟造《よせむねづく》りの本格的な和様の仏堂であった。復興への協力には佐賀藩・鍋島家も積極的であった。講堂前の鐘楼《しょうろう》や上宮の整備に尽力し、寛永十四（一六三七）年には藩主・鍋島勝茂が寄進した銅《かねの》鳥居《とりい》が完成。境内の諸堂が造営される中、門前の集落も次第に整備され、講の普及によって彦山詣でも盛んになり、参詣者の増加により山内経済は発展した。

元禄七（一六九四）年、当時の座主が幕府寺社奉行に対し、古来より京都聖護院《しょうごいん》の支配に属さない旨の訴訟を起こし、同九年勝訴、別本山としての地位を確立、享保十九（一七三四）年、小倉藩を介して霊元法皇による宸筆《しんぴつ》「英彦山」の勅額が下賜され、以降「英彦山」と称するようになった。

明治に入ると、政府による神仏分離令と後の修験禁止令の布達によって、修験道場としての宗教活動は終焉を迎えた。多くの山伏は離散、わずかに残った者たちが神職に転向し、英彦山神社と改称、明治四（一八七一）年に国《こく》幣小社《へいしょうしゃ》となり、後に官幣中社《かんぺいちゅうしゃ》に列格した。当時、廃仏毀釈による堂宇《どうう》と仏像の破壊が進められる中、講堂だけは規模が大きく解体・焼却できず、そのまま残されたことが幸いし、天忍穂《あまのおしほ》耳尊《みみのみこと》・伊弉諾尊《いざなぎのみこと》・伊弉冉尊《いざなみのみこと》の三神

参道北の細い道筋に存する守静坊（しゅじょうぼう）の入口。重厚な石垣が残る（中村康也氏撮影）

を祀る神社本殿として再生が図られた。奉幣殿と改称された後、明治四十年、特別保護建造物に指定、昭和二十九（一九五四）年、重要文化財の指定を受けた。

山伏の集落と町場の出現

現在の門前参道沿いと裏手の小路に広がる屋敷跡が山伏の住まいであった。地形の起伏を巧みに利用し、整然と石垣で区画された大小の敷地に、「院」「坊」「庵」の各坊舎が立ち並んでいた。これらが渾然一体となって、山内十谷に集落が形成されていた。

「院」は寺院としての格式を有し、高位の役についた家柄で、その数はわずかであったという。「庵」は家督を譲り隠居した僧や、公認ではなかった山伏が暮らした小さな家屋であったといわれ、家号を持たず、江戸中期の記録では「坊」の数を超える存在であった。「坊」は山伏の集落の中でも中心

的な存在で、世帯主は修験、仏事、神事を執行する役割を持ち、弟子や奉公人を抱える独立した立場にあった。「院」と「庵」が減少した江戸時代後期でも、「坊」は二五〇戸前後は存在していたという。

宿坊が立ち並ぶ門前の集落では、商売、作物栽培、家畜の飼育などは御法《ごはっ》度《と》とされたこともあり、生活必需品は外部からの供給に頼らざるを得なかった。寛文十一（一六七一）年、門前集落のほぼ中央（中谷）に町場が計画的に設けられ、五十軒余りの町家が建設された。町家の宅地は狭小であったが、造酒・油屋・米屋などの商人と大工・石工・屋根葺きなどの職人たちが軒を連ねて町並みを形成し、江戸中期には彦山は三千人の人口を抱えていたといわれる。一大消費地からの日常的需要に応えるためにも、町場の出現は必然的な出来事であったと考えられる。

宿坊建築の特徴

民家はその地方の風土を色濃く反映した住宅建築といわれる。間取りにはそこに暮らす人たちのライフスタイルと慣習が刻み込まれ、柱や梁《はり》に代表される構造には、機能を空間として確保する役割がある。また、自然と共生しながら暮らすため、創意工夫が空間を介し隅々にまで具現化され、かつ彫刻などの装飾的要素がほとんどなく簡素な造りをなす。民家は求められるものを必要に応じ形にした建築といえる。

かつて二五〇坊を数えた宿坊は、明

顕揚坊（けんようぼう）の門と庭園。庭園は小ぶりながらもよく整っており、見応えがある。県指定名勝

治期以降激減し、現在、門前に残される宿坊建築の数は極めて少なくなった。幸い、財蔵坊《ざいぞうぼう》と楞厳坊《りょうごんぼう》が県指定有形民俗文化財として保存、前者は定期的に公開され見学することができる。これら現存する建築と過去の調査をもとに宿坊建築の姿を見ていきたい。

主屋が立つ敷地は参道と直交し、間口が狭く奥行きが深い。敷地は平坦で参道が勾配を持つため境界には高低差ができ、石垣が築かれる。石垣の一角を開き小さな門を構え、門の前面に石段を設けて寄り付きを確保する。石垣上に生垣を設け、屋敷を区画する。門をくぐると露地のような前庭があり玄関に繋がる。主屋と参道との間のあまり広くない空間に、地味ではあるが趣向を凝らした庭園がつくられる。

屋根は寄棟造《よせむねづく》りとし、雪の影響を受けるため軒の出は深く、軒先を出桁《だしげた》や方杖で支える。現存する建物の多くは屋根をトタンで被覆するが、もともとは茅《かや》で葺かれ、近隣の茅場から供給された葺材を使用していた。雁行状にずれた間取りに連動し、棟が複数に分かれ大屋根とならず、複雑な屋根形状をつくる。参道から坊舎の屋根を眺めると、丁寧に積まれた石垣と相まって変化に富んだ景観を楽しめる。

間取りは玄関・座敷からなる接客空

銅鳥居から少し登った所にある財蔵坊。現存する英彦山宿坊のうち最もよく建築当時の姿を伝える。丁寧な修理が施されており、内部は定期的に公開され見学することができる。右の写真の奥に見えるのが財蔵坊の祭壇。建具で仕切られた部屋が祭壇へと直線的に繋がる

旧亀石坊庭園。室町時代の画僧・雪舟が築いたとされる。国指定名勝

間（客殿）と、広間・土間から構成される生活空間（内証《ないしょう》）を明確に区分する。両者が区分される平面構成は一般的な武家住宅のそれによく似るが、宿坊は式台玄関から座敷まで、六畳以上の部屋を複数、ほぼ直線で並べ、建具で仕切る点が異なり面白い。

客殿奥の幅広い床の間は祭壇として利用され、建具を外せば玄関から祭壇まで繋がる大きな空間が確保される。接客空間は祭壇が頂点に位置する宗教的な性格を担う傍ら、檀家が参詣に訪れた時の客室や宿泊施設としても利用された。これらの部屋は敷地の中でも最も立地の良い所に配置され、縁側を介して座観式の庭園を観賞できる点も魅力の一つである。

宿坊では奥向きの空間である各部屋や土間が充実している点も着目される。英彦山で執り行われる大きな行事に合わせ、各坊の檀家が地方から参詣した際に宿泊する旅館的な役割を持っていたので、来客時の炊事を行える土間や板間を必要としたのだろう。また、中二階となる部屋を収納として活用し、大勢の宿泊に対応できるだけの寝具や什器を備えていた様子も窺える。

英彦山宿坊は山伏の住宅を基調としながら、宿泊所・宗教施設という複数の機能が一棟の建物の中にコンパクトに集約され、厳しい自然環境との対話の中で育まれてきた地方色豊かな民家建築といえる。

［田上稔］

箱崎・馬出

はこざき・まいだし／福岡市

豊かな歴史を刻む門前の町

「箱崎千軒」の賑わいを伝える町家

　箱崎は、筥崎宮の門前町で、八幡神あるいは応神天皇の胞衣《えな》を箱に納めてこの地に埋めたことが地名の起こりとされる。筥崎宮は、延長元（九二三）年に、宇佐八幡宮の別宮・筑前大分宮《だいぶぐう》を遷座し創建された式内社で、中世には中国人商人を庇護し、日宋貿易の拠点でもあった。楼門に亀山上皇の勅額「敵国降伏」を掲げ、元寇の役と秀吉の九州征伐では本陣が置かれた。

　箱崎は中世には「箱崎津」と呼ばれ、陸海交通の要所として栄えた。江戸時代には「箱崎千軒」と称され、箱崎浦、商人町、宿場町で構成され、現在も網屋町、白浜町、海門戸《かいもんど》、馬場町、小寺《こでら》町、本町、新町、御茶屋、宮小路《みやこうじ》などの地名が残る。町筋は、筥崎宮参詣路の北側に海に平行して碁盤状に形成され、名島から移された浄土宗一光寺《いっこうじ》や、臨済宗勝楽寺《しょうらくじ》、長性禅寺《ちょうしょうぜんじ》がある。博多名物の「おきゅうと」の産地で、絣の箱崎縞の産業や、江戸に送られ浅草海苔ともなった海苔養殖も盛んであった。江戸時代には箱崎宿が設けられ、薩摩藩主や伊能忠敬《いのうただたか》、勝海舟、トーマス・グラバーも泊まっている。

　箱崎の町家は、基本的に平入りの間口三－四間規模で、奥行きが深い二階建て切妻造《きりづまづく》り建物で、一階は片側に通り庭（土間）を奥まで通し、店の間、

右：中村家住宅（米田屋）。写真左から主屋、座敷前の庭、土蔵／下：藤野家住宅。格子戸を付けた切妻造り平入り建物

中の間、座敷を一列に並べ、奥に中庭を持つ平面形状である。箱崎商店街の通り（宿場本通り）、旧電車道や一光寺周辺、網屋町周辺に明治期から昭和初期の平入り建物が見られる。造り酒屋であった屋号「米田屋《よねだや》」（中村家住宅）は、本通りに面した平入りの二階建て主屋に小庭と四間の旧酒蔵を並べている。旧電車通りには卯建《うだつ》を上げた明治期の明石家住宅、網屋竪筋《あみやたてすじ》には江戸期の外面に千格子戸を付けた藤野家住宅や漁師住宅がある。

上：大正から昭和の建物。左から２軒目の「筥崎とろろ」は、大正期の建物を活かした飲食店／下：箱島家住宅（国登録有形文化財）。明治初期の切妻造り建物

街道沿いに残る馬出の町並み

馬出は、「糟屋郡境石」から千代に至る唐津街道の沿道集落で、筥崎宮の社領でもあった。筥崎宮の祭具製造と曲物《まげもの》の生産地で栄え、鉄道が開設されると駅弁の需要が高まり、曲物の端材を使った弁当箱が生産されて賑わったという。街道沿いにある黒田忠之開基の恵光院《えこういん》には、秀吉が箱崎茶会を開いた燈籠堂が明治三（一八七〇）年に筥崎宮境内から移築されており、夥しい数の地蔵菩薩や、六月に咲く黄色い菩提樹の花は見事である。

　町並みは江戸期から昭和初期の建物が沿道に並ぶ。軒の低い曲物屋の「柴徳」建物、軒高の平入り建物のレストラン「天井桟敷《てんじょうさじき》」や「筥崎とろろ」建物などがある。国登録有形文化財で明治初期建築の箱島家住宅は、間口三・五間、奥行六間の二階建て切妻造り建物で、坪庭には水禽窟《すいきんくつ》が設けられている。

［井澤洋一］

今井・元永

いまい・もとなが／行橋市

仏教、神道、修験道が交わる港町

中世今井津の発展

今井、元永は京都《みやこ》平野を貫流する今川と祓川《はらいがわ》が周防灘《すおうなだ》に注ぐ河口に開けた町である。一帯は鎌倉時代以来「今井津」と呼ばれ、港湾都市として発展した。物流の拠点だったことから十五世紀に鋳物師《いもじ》の集団が活動を開始し、その製品は筑前や周防にまで流通した。

建長六（一二五四）年、京都から勧請された須佐《すさ》神社（今井祇園社）は、地域の神社に留まらず豊前地域に広く信仰されてきた。その祭礼である今井祇園祭では、豊前地方最大級の幟山《のぼりやま》が曳かれ、今なお連歌奉納が続き、往時の繁栄を偲ばせる。

明応四（一四九五）年、浄土真宗の九州における教勢拡大の役割を担い浄喜寺《じょうきじ》が創建される。この寺は豊前地域の真宗教団の拠点であるとともに軍事力も有し、第三世・村上良慶は本願寺と織田信長が戦った石山合戦に参陣し活躍した。

この地域は今川、祓川の源に聳える修験の山・英彦山《ひこさん》との繋がりも深い。毎年二月末日、英彦山神宮の神官が今川、祓川流域の九里八丁（約三九キロ）の道を辿り、今井を訪れる。一行は今井東区の奥家に宿泊し、翌日、祓川河口の沓尾《くつお》海岸・姥ケ懐《うばがふところ》で禊《みそ》ぎをし、潮水を竹筒に汲み、英彦山へ持ち帰る。これが千年以上続く「潮井採《しおいと》り」の神事である。

金屋《かなや》に工房を構えた今井鋳物師が応永二十八（一四二一）年に鋳造し、彦山霊仙寺に寄進した梵鐘も英彦山との繋がりを示すものである。今井の技術力と経済力の証《あかし》であるこの鐘は、明治になって英彦山を下り浄喜寺に納められ、生まれ故郷の町で時を告げている。

門前町としての今井・元永

文化十四（一八一七）年に再建され

今井の町並み。祇園祭ではこの通りを幟山が曳かれる

た浄喜寺の本堂は、県内屈指の規模を誇り、今井のランドマークとなっている。町並みには明治期の町家建築が点在し、門前町の風情を留めている。その中には福島家のように、長く奉納連歌が催された家もある。

　今井から祓川を渡って元永に入り祇園社に向かうと、その手前に一際大きな屋敷が目に留まる。幕末に大庄屋を務め、明治期に大地主に成長を遂げた陣山家の屋敷である。道に面した主屋は江戸後期のもので、二階外壁を大壁《おおかべ》に造り、白漆喰《しろしっくい》で仕上げる。入母屋《いりもや》破《は》風《ふ》を頂く玄関も目を引く。東側には大正期の良質な洋館も付設される貴重な民家建築である。

　中世より港湾都市として栄えるとともに、仏教、神道、修験道など様々な信仰のクロスする場でもあった今井、元永。連歌が詠み継がれ、祇園の山車《やま》が巡り、山伏の法螺貝《ほらがい》と今井鋳物師の鐘の音が響く町である。

［小川秀樹］

上：今井鋳物師の梵鐘（県文化財）のある巨刹・浄喜寺
下：重厚な主屋が印象的な元永の陣山家

北野・善導寺

きたの・ぜんどうじ／久留米市

町に漂う往時の風情

「おくんち」で賑わう門前町・北野

北野町は旧筑後国御井郡《みいぐん》に所属し、筑後川の中流域の右岸に広がる極めて平坦な田園地帯である。地名の由来は天喜二（一〇五四）年、京都北野社の分霊を勧請し成立した北野天満宮に由来する。北野天満宮は北野庄（河北庄とも）の鎮守であり、関白・藤原道隆《みちたか》の孫・貞仙《ていせん》が勅命により社殿を造営し、末社七十五、二十八寺院社家があったと伝える。中世には北野氏、赤司《あかじ》氏、草野氏などの勢力が伸び、戦国期は草野氏が当地を支配している。江戸時代になると、慶長七（一六〇二）年、田中吉政が「北野天神領」として五十二石を寄進、後の有馬家もそれを引き継いでいる。

北野の町並みは、この神社正面から西へ真っ直ぐ延びる道の両側に並んでいるが、往時の姿を失いつつある。この道は天満宮寄りから上町、中町、下町と分かれ、中町にはかつて、現在は同宮境内に移転している慶長十二年銘石造鳥居（県指定文化財）があった。また各町に石造恵比須も祀られている。町通りの中央付近にある山口酒造場付近が往時の景観をよく残している。ここは県指定文化財「北野天満神社神幸行事（おくんち）」で毎年賑わう通りである。また、天満宮の神池に架かる文化年間（一八〇四－一八）の石橋、県指定文化財の鳥居、県指定天然記念物の大楠を過ぎ、朱塗り楼門をくぐり本殿へ至る道は、歴史が楽しめる道である。

江戸期の面影を残す善導寺

善導寺は承元二（一二〇八）年に草野要阿《ようあ》（永種）夫妻を檀那《だんな》とし、聖《しょう》光上人《こうしょうにん》を開山として創建された浄土宗寺院である。旧山本郡にあり、町名

北野天満宮の朱塗りの楼門（木下陽一氏撮影）

はこの寺院名からきている。鎌倉初期からの寺院であり、何度かの復興がなされている。戦国末の天正十二（一五八四）年には戸次道雪《べつきどうせつ》が僧侶を殺害、堂宇《どうう》も焼亡したという。同十五年には復興したが、慶長五（一六〇〇）年には黒田如水《じょすい》によって再び破壊されたという。同十二年に田中吉政が寺内免許状を出し、元和七（一六二一）年には寺領五百石が認められており、有馬家も善導寺の再興に尽くしている。

善導寺には江戸中期に建設された重要文化財の本堂、大庫裏《だいくり》、書院などの建物が残り、江戸中期の寺院景観がそのまま残されている。また、三門から東に延びる参道の両側には子院が残り、これらも特徴的な景観である。重要文化財の大門も見逃せない。この参道と交わる、南北に延びる町並みは門前町の歴史を持つ。朝凪《あさなぎ》酒造の建物群は往時の姿を偲ばせる。また「亀口おこし」は名物菓子である。

［古賀正美］

上：北野の山口酒造場（木下陽一氏撮影）
下：善導寺の参道。奥に見える大門を抜けて境内まで、約150メートルの石畳が続く

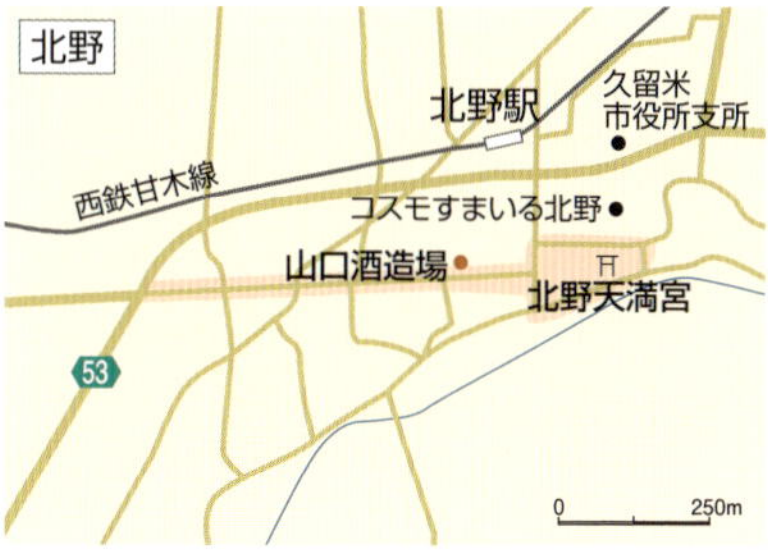

小保・旧吉原家住宅前（木下陽一氏撮影）

港の町

博多

はかた／福岡市

戦災を免れた伝統的町家

アジア最大の貿易都市

博多は、広義には福岡市の北東に位置する志賀島《しかのしま》から唐泊《からどまり》に至る博多湾一帯を「博多津」と見なされてきた。六世紀には大宰府の前身である那津官家《なのつみやけ》が置かれ、古来「筑紫那津」「那津」「那大津」「儺津」「筑紫大津」「博多大津」の他、中国や朝鮮の書物では「覇家台」「八角島」「花旭塔」「石城府」「冷泉津」の呼称がある。十一世紀の『後拾遺和歌集』などの和歌詞書に「博多」の地名が出ており、平安時代後期には「博多」の地名が定着していたと考えられている。

永承二（一〇四七）年に大宰府鴻臚館《こうろかん》が焼失し、大宰府の官貿易が衰退すると、博多在住の中国人商人「博多綱首」の民間貿易が活発化し、アジア最大の貿易都市となった。栄西によって禅宗や茶の文化が伝えられ、まんじゅう、うどん、ういろうなどの食文化や博多織、博多鋏《はかたばさみ》などの工芸技術ももたらされた。謝国明《しゃこくめい》に代表される貿易商人・博多綱首は莫大な富を築き、聖福寺《しょうふくじ》や承天寺《じょうてんじ》の建立に関わった。当時の町割りは、国内外の輸送に海路が利用されていたため海に向かう南北路が重要視され、東西の街路は発達していなかった。

戦国時代の永禄二（一五五九）年に大友宗麟《そうりん》が筑前・豊前の守護に任じられると、家臣・臼杵安房守《うすきあわのかみ》が、博多の南側を流れて那珂川《なかがわ》に合流していた比恵川《ひえがわ》を海に真っ直ぐに付け替えて石堂川《いしどうがわ》とし、南側には房州堀を設けて防衛ラインとした。これが今日の博多の基盤となった。また大友宗麟の庇護を受けた博多の豪商・神屋宗湛《そうたん》、嶋井宗室《そうしつ》らの博多商人は活発な貿易活動を行い、キリスト教宣教師の書翰によると博多は「自治都市」として活況に富んでいた。しかし、筑紫氏を始め、肥前国・龍造寺《りゅうぞうじ》氏や薩摩国・島津氏ら戦国大名の度重なる侵入によって焼土化した。

太閤町割り、そして商業都市へ

天正十五（一五八七）年の秀吉によ

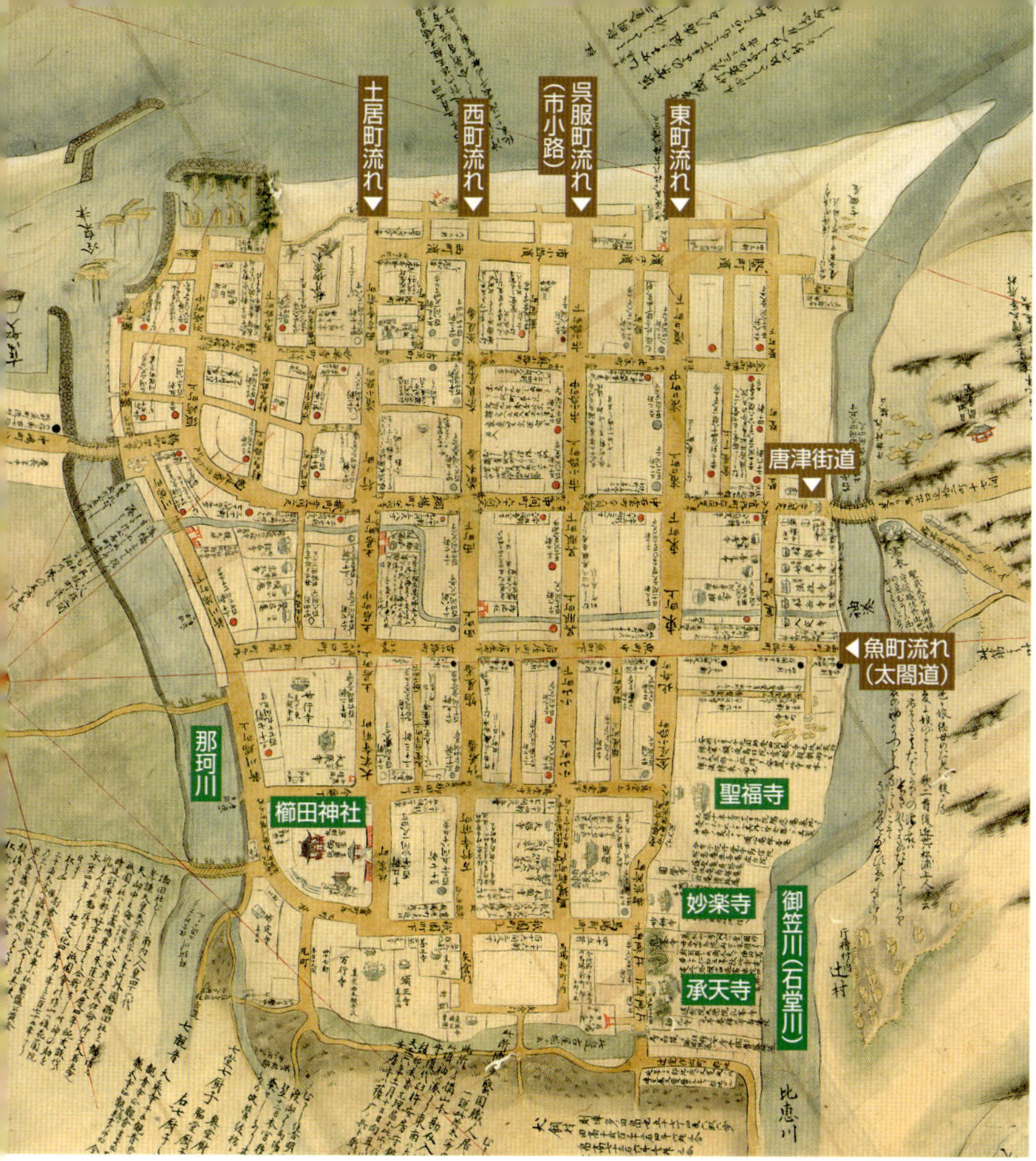

文化９年写「福岡城下町・博多・近隣古図」（部分。三奈木黒田家文書。九州大学附属図書館付設記録資料館九州文化史資料部門蔵）。19世紀初頭の町の様子が描かれている

る博多復興の「太閤町割り」は、朝鮮出兵の兵站基地としての整備を目的としていた。この町割りは、「市小路《いちしょうじ》」を基準に南北道路を博多湾まで通し、この帯状の町筋を「流れ」とし、当初は東流れ、呉服町流れ、西町流れ、土井流れなどであったが、江戸期には九流れとなった。南北は全長約十町、東西は全長約四町に区画された都市で、道路に面して短冊状の屋敷割りがなされ、道路に面した両側の町並みを「背割り方式」でもって一つの町名とした。

　中世の国際貿易都市として繁栄した博多は、その後も「博多津中」と称され、伊藤小左衛門に代表される貿易商人や廻船問屋が軒を並べたが、寛永十（一六三三）年に始まる鎖国令や博多湾西部の五カ浦廻船の発達、唐津街道の往来などによって商業都市として発展し、今日に至っている。

点在する明治—昭和初期の町家

　博多には、秀吉が与えた間口十三・五間、奥行三十間規模の神屋宗湛屋敷や、大名や長崎奉行の宿舎にもなった、間口二十間を超える呉服町の大賀屋敷などがあり、戦前までは間口を大きく構えた商家もあったが、昭和二十（一

九四五）年六月十九日の福岡大空襲により博多の中心地域が大きな被害を受け、豪商の建物を含め歴史的な町並みの大部分が消滅した。

　現状では建物調査が充分に進んでいないが、江戸時代の建物はほとんど残っておらず、明治期を中心として昭和初期までの建物が多い。特徴としては、表口三間程度、奥行が間口の二倍以上の長さを持つ敷地に、間口三間、または二・五間の平入り、切妻造《きりづまづく》りの町家がつくられている。また、建物内部は片側に通り庭（土間）を奥まで通し、店の間、中の間、座敷が一列に並ぶ形式をとり、座敷の先に坪庭を設け、坪庭には池をつくり、燈籠と地主神か稲荷祠を祀っている。棟の高さは、江戸末期・明治期は、約六・三メートル、明治中期以降は約九メートルを超えるものもあることが特徴づけられる。

　歴史的景観を残している地域は、主に冷泉町、御供所通《ごくしょどお》り、魚町流れの西

上：軒高な吉住家住宅（国登録有形文化財）／右：明治34年建築の高柳商店。江戸時代から博多鋏をつくり続ける／下：博多の生活・文化を紹介する「博多町家ふるさと館」。奥に見えるのは櫛田神社

上：遠藤家住宅。約300年間続いた質屋であった
左：大正12年建築の高橋家住宅。国登録有形文化財

門通り、下呉服町周辺である。櫛田神社周辺では、「辰巳《たつみ》商店」や博多鋏製作の高柳家、三浦家住宅など、明治期の建物がある。博多織の織元であった三浦家住宅は、建物間口約二・五間、奥行六・五間の切妻造り建物で、平成七年に移築復元されて「博多町家ふるさと館」として公開されている。聖福寺周辺では、聖福寺裏で商業と農業を兼業していた吉住家は昭和四年の建築で、一・二階ともに軒高の建物である。

　下呉服町の竪町筋《たてちょうすじ》には、江戸期の質屋であった遠藤家住宅を始め、明治期から昭和初期までの平入り切妻造りの町家が不連続ながらも存在する。明治中期から酒造業を営んでいた水崎家住宅は、間口二・五間の狭小な間取りで、大正十二（一九二三）年建築の菓子問屋の高橋家住宅は、軒高の建物で一際目立つ存在である。他には大正期の建物として俳人・山頭《さんとう》火《か》が常宿とした郷土史家の故三宅酒壺洞家住宅、立石額縁店の建物などがある。

［井澤洋一］

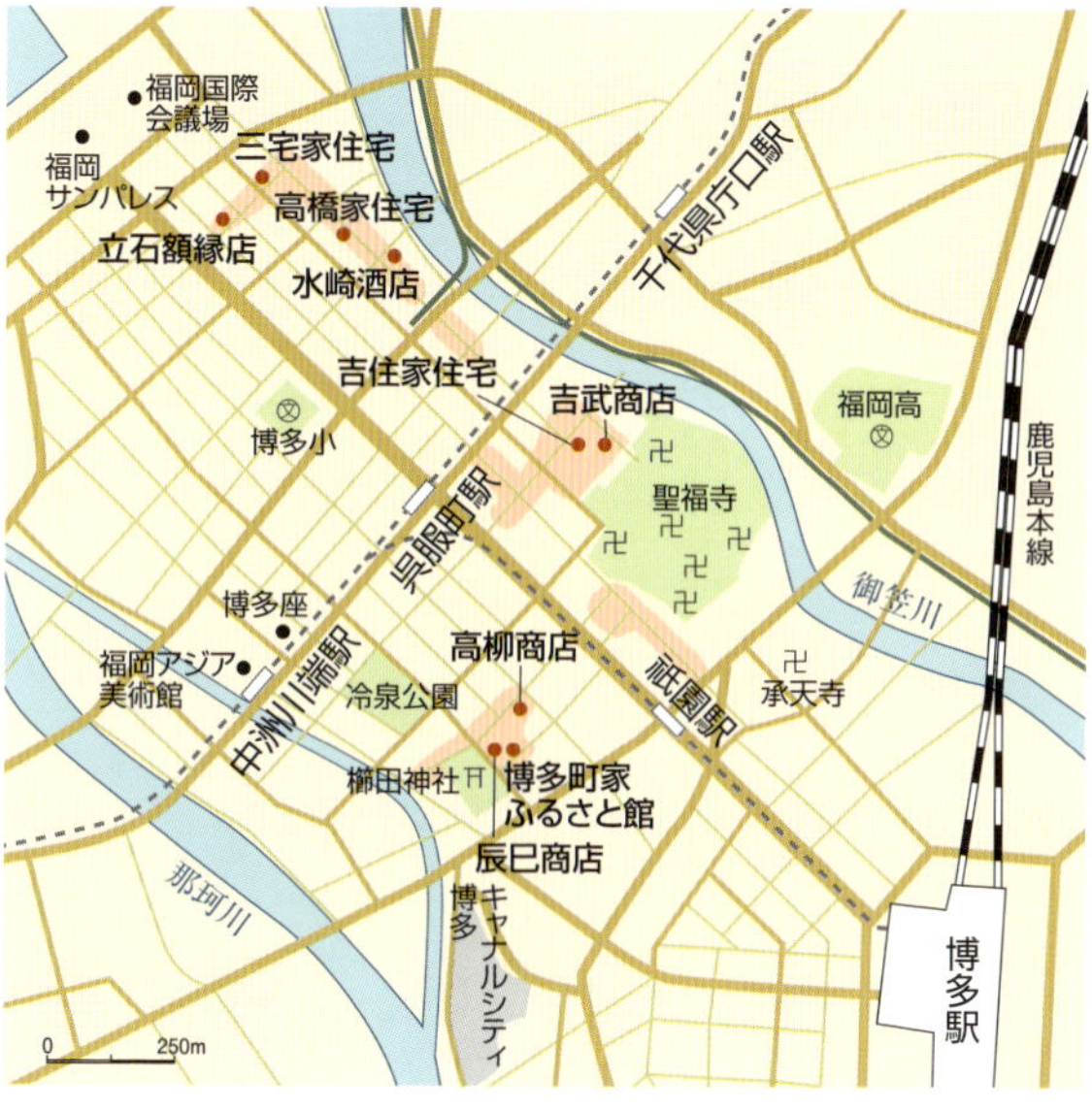

津屋崎

つやざき／福津市

交易と塩田で栄えた筑前有数の浦

「津屋崎千軒」の賑わい

津屋崎は江戸から明治期にかけ、筑前有数の浦だった。海上交易と塩田で栄え、その賑わいから「津屋崎千軒」と称された。寛保三（一七四三）年、大社元七《おおこそもとしち》が約五百人を率いて塩浜で大規模な塩づくりを始めた。それに廻船問屋の瀬戸屋が加わった。津屋崎には豪商が生まれる素地があったようで、中でも福岡藩の家臣だった佐治氏の功績は大きい。

佐治氏は甲賀出身。黒田長政の博多入りに帯同してきたが、その後、侍の身分を捨て商人への転身を願い出て、許される。商人となった佐治氏は、津屋崎で「紅粉屋《べにや》」という屋号で酒造り、精米などを始める。津屋崎千軒は後に居住地が漁師、商家と職人、農家に三区分されるが、新宮大庄屋の「津屋崎浦御宿割絵図」を見ると、佐治氏はそこに大きな敷地を擁し、さらには波止まで築造し、自身の商いと藍島《あいのしま》（相島）に渡る福岡藩主の足場とした。藩主は、朝鮮通信使が藍島に寄港した時に利用した。佐治家と福岡藩主との縁は切れず、商いで蓄えた財産は、福岡藩の財政を支援したともいわれる。福津郷土史会の大賀康子さんの話では、津屋崎には浦の庄屋の文書はないが、佐治氏のものは残っている。福岡藩主に通じた佐治氏の存在感は大きかったようで、大賀さんは「津屋崎は浦の成り立ちが独特です」という。

かつての賑わいを伝える町並み

白壁の蔵、造り酒屋、藍染めの商家などが、かつての賑わいを偲ばせる津屋崎千軒。大正十三（一九二四）年生まれ、地元の変遷を見てきた津崎米夫さんは、博多の奥座敷として賑わった昭和初期の店舗を網羅したメモを見せてくれた。その中には芝居小屋「えびす座」があり、旅館が十二軒も存在した。農家に牛を売る店（牛問屋）もあったという。対岸の渡《わたり》地区には石屋が

昔日の面影を残す町並み

並び、加工に精を出した。醤油屋が五軒と多いのも特徴で、つくり出された酒や醤油は海路、方々に運ばれた。

商家は税金対策で、間口が狭い「鰻の寝床」。中には庭があった。「藍《あい》の家《いえ》」（国登録有形文化財、津屋崎千軒民俗館）は明治三十四（一九〇一）年に建てられた二階建ての染物屋。間口・奥行とも六間（約一一メートル）。広い叩き土間は見事で、かつて年貢米を積んだ馬車が通ったほどといわれる。構造にも特徴があり、雨戸は珍しい上げ戸で、玄関も同じ構造である。

江戸時代以降、大火に遭ったため、古い家があまり残っていない。現在、藍の家、豊村酒造（明治七年創業）を中心にした一角に、盛事の面影が残る。江戸後期の測量家・伊能忠敬《いのうただたか》も仕事のため、佐治家に二泊している。その跡地に、案内板が立つ。藍の家保存会代表の柴田富美子さんは、「先人の智恵はすごいと思います。塩木ですよ。それが虫食いや腐食防止になったんですから」。塩木とは家の骨格となる大きな材木を海水につけて使った木材である。火事の延焼を防ぐ卯建《うだつ》も、古い家には築かれている。

［嶋村初吉］

上：明治７年創業の豊村酒造／中：藍の家。ギャラリーとして使われている（以上２点、藤田勝輝氏撮影）／下：藍の家の梁。腐食防止のため海水につけたもの

芦屋

あしや／遠賀郡芦屋町

多彩な文化が息づく古来の港町

古代から続く交易の要衝

遠賀川《おんががわ》の河口に位置する芦屋は、対岸の山鹿《やまが》とともに、古代から大陸貿易の寄港地として発展し、「筑紫国の岡《おかの》水門《みなと》」「岡の津」と称された。中世には赤間関《あかまがせき》（下関）と博多を結ぶ中継地になるとともに、豪族・山鹿氏や麻生氏の居城も築かれ、軍港や廻船基地としても栄えた。

江戸期に入ると、福岡藩の水軍基地、福岡藩や東蓮寺《とうれんじ》（直方）藩、秋月藩の蔵所や会所が設置されて遠賀川流域の年貢米や物資の集積地となり、唐津街道の宿場も設けられた。また、芦屋浦、山鹿浦、柏原浦と漁港も発達し、博多・小倉と並ぶ魚市場もあった。そして伊万里焼を売り歩いた「旅行商人《たびゆき》」などの裕福な商家が軒を連ね、「芦屋千軒、関（下関）千軒」といわれるほどの賑わいを見せたという。

遠賀川を伝って筑豊各地の物資や石炭を運んだ川船は「川ひらた」と呼ばれた。河口付近の川幅は約三〇〇メートルあるが、往時は数千の川船でびっしりと埋まっていたという。

港町を彩る多くの寺社

現在は航空自衛隊の基地が町の約三分の一を占めており、古い町並みとしては、旧唐津街道沿いの宿場跡、西浜町西浜通り一角、旧市場小路や旧中小

西浜町の町並み
（木下陽一氏撮影）

旧魚町地区の唐津街道沿いにある山鹿村役場跡

路に、白壁と千本格子の窓を持つ町家がわずかに残るだけである。ただ、時宗の道場などがあった影響もあり、寺院や神社が多い。ここを拠点に、空也上人が伝えた念仏踊りを起源とする芦屋歌舞伎が発生し、各地で歌舞伎興行などを行う芦屋役者を輩出、遠賀川流域の芸能、芝居小屋文化に影響を与えた。

芦屋地区には、五重層塔が見事な禅寿寺、空也上人ゆかりの安長寺、芦屋商人が献納した石燈籠のある安養寺、海雲寺、観音寺（旧芦屋寺）、時宗の開祖・一遍上人七世の法孫・像阿《そうあ》上人開基の金台寺《こんたいじ》、「乳銀杏」という大銀杏で知られる光明寺、芦屋の産土神《うぶすながみ》・岡湊《おかのみなと》神社、島原の乱の際、福岡藩士が原城から持ち帰って植えたといわれる大蘇鉄の立つ千光院、神武天皇社跡などがある。

対岸の山鹿地区には、山鹿城跡を始め、壇ノ浦合戦で平家とともに討ち死にした山鹿秀遠《ひでとお》が創立した安楽寺、銅製経筒《きょうづつ》出土の禅寺・法輪寺、大願寺《だいがんじ》、麻生神社などがある。

この他、鎌倉時代に始まる芦屋鋳物師の茶釜・芦屋釜の資料館や工房がある「芦屋釜の里」、多くの万葉歌碑、そして白砂青松の海岸線など、芦屋は豊かな歴史と自然が同居する町である。

［竹川克幸］

宇島

うのしま／豊前市

周防灘随一の良港

藩によってつくられた港町

周防灘《すおうなだ》に面し、中津街道が通る宇島は、文政年間（一八一八－三〇）に小倉藩が建設した港とともに計画的につくられた町である。隣の中津藩領に飛び地として存在していた小倉藩の小祝《こいわい》村《むら》は、山国川《やまくにがわ》の河口に位置し良好な浦を持っていたが、貿易港としての利権獲得を狙う中津城下町民と漁民の間で度々摩擦が起き、両藩による問題解決が図られた。その結果、中津街道の宿駅であった八屋《はちや》の東隣に位置する赤熊村海岸の鵜《う》が群集する「鵜島」の後背湿地に港を築き、小祝浦の漁民を移住させることとなった。

文政四年に築港を開始し、七年の歳月と巨費を投じて港が完成した。小倉藩は築港と同時に町建てを開始し、港東側の中津街道から赤熊海岸まで広がる原野・田畑四町余に道路と宅地造成を行い、移住者には当分の間無税とするなどの特典を与えて小祝浦の漁民・商人の移住を奨励した。文政六年には商港としての機能を開始し、宇島役所（遠見番所《とおみばんしょ》）が建設された。その後、地波止・中波止・沖波止が完成、文政八年までに小祝浦から二三〇軒、他から九十七軒が移住したという。文政十一年に町割りや宇島港が完成した。これが今に残る宇島の町並みである。

文政十三年の「宇島築港絵図」には、船溜まりに面して藩蔵と役所二棟、日吉屋・茶屋・万屋の三豪商が居宅を構え、中津街道沿いには商家が並び、そこから海岸までの造成地には主に漁師が居住していた様子が描かれている。

豊前東部随一の港として天保九（一八三八）年には宇島産物買集所が設置されるなど商港として発展し、明治十二（一八七九）年には大阪への定期航路が開設され、石炭積出港として繁栄した。昭和の高度経済成長期には工業用地が後背地に造成され、物流の拠点として港の整備が進められた。

商港の賑わいを伝える町並み

中津街道沿いに残る町家は間口の広

教円寺の鐘楼（文久３年建築）。２層３階で高さは約13メートルもある

上：宇島漁港近くの竹本家
右：豊前街道沿いに立つ塚本家。明治元年建設というが、当時の姿をよく残している

い、切妻桟瓦葺《きりづまさんがわらぶ》き平入りの中二階建ての直屋《すごや》が多い。一階は真壁造《しんかべづく》り、中二階は漆喰《しっくい》塗込造りとなっている。古い形式の主屋は中二階に窓が設けられていない。大正後期頃からは二階に居室を設け、切妻桟瓦葺き妻入りの他、寄《よせ》棟《むね》の家屋も見られる。

宇島港近くの旧常盤町《ときわまち》に街道に南面して立つ塚本家は間口七間の町家で、切妻桟瓦葺き平入りの中二階建ての直屋である。一階は真壁造り漆喰塗り、中二階は漆喰塗込造りで小さな単窓が設けられている。東側一間半はかつて郵便局として使用されており、外壁は縦羽目板張《たてばめいたば》りにペンキ仕上げとなっている。奥の座敷には書院付きの床の間があり、杉丸太の床柱や狆潜《ちんくぐ》り、透かし欄間などの造作が美しい。

宇島漁港近くの竹本家は、間口六間の切妻平入りで、塚本家とよく似た形式の町家であるが、中二階には窓が設けられていない。商家や漁師の町並みとも、この形式の町家が多い。

伝統家屋は少なくなっているが、町建てされた頃の地割りが維持され、船溜まりの一部と野面《のづら》積みの堤防や由緒ある宇島神社が残り、商港として賑わったかつての町並みの雰囲気が味わえる。

［大森洋子］

小保・榎津

こぼ・えのきづ／大川市

藩境で独自の発展を遂げた町

水陸交通の要衝として発展

大川市には、久留米城下と柳川城下、さらには八女山地から対岸の肥前寺井（佐賀市諸富町《もろどみちょう》）を結ぶ二本の古道が通じている。久留米市より城島、榎津、柳川市、三池を経て熊本県界に至る肥後街道と、八女市の福島より筑後市の北島、三潴郡《みずまぐん》大木町の小入《ほそいり》から大川市の郷原《ごうばる》を経て、肥後街道と合流し榎津に至る福島往還である。

　この二つの古道と筑後川の水運で成立した町が、小保・榎津である。筑後平野と佐賀平野を結ぶ水陸交通の要衝で、榎津と寺井の地名は、中国明代の『図書編』に見えるという（『太宰管内志』）。小保には江戸期に伝馬《てんま》十疋《ぴき》の宿駅も設置されている。

　江戸初期（慶長期）頃まで、小保・榎津とも「村」と記され、正保（一六四四－四八）頃より「町」名が見える。元和六（一六二〇）年、筑後三藩の成立で小保は柳川領、榎津は久留米領となり、堀割《ほりわり》を境界とした特異な藩境の町並みが形成された。

馬継所が残る小保の町並み

　小保は慶長二（一五九七）年の記録では、「小保村二十町一反余、村位下」（「立花文書」）と見える。町域としては、正保二（一六四五）年の「柳川藩蒲池《かまち》組《ぐみ》絵図」に、小保本町二二四間

伊能忠敬の『測量日記』にも記された小保・榎津の境界石。石柱の穴に丸太を通し、馬継所として利用されていた

（約四〇〇メートル）、新町一八二間（約三〇〇メートル）の町並みが見える。また、七町（約七ヘクタール）という記録もあり、現在の町並みと大体一致している。

旧吉原家住宅。幕末に柳川藩の大庄屋を務めた吉原家の居宅で、現在は一般公開されている。入母屋造り妻入りの主屋は文政８年建立。左奥に見えるのが御成門

本町の字上町市場《あざかみまちいちば》と榎津町との境界に、高さ約一メートルの二十八本の石列が残っている。小保・榎津の境界石であるが、石柱の穴に丸太を通し、馬継《うまつぎ》所《しょ》として利用されていた。伝馬十疋が常備され（榎津は不明）、柳川本町、札《ふだ》の辻《つじ》まで一里十九町二十三間（約四・二キロ）。駄賃は、一駄荷《だに》（四十貫）が四十九文、人足二十五文、乗掛《のりかけ》（人と荷）四十九文、軽尻《からしり》（乗るだけ）三十三文であった。

文化八（一八一一）年、馬継所の地点で、伊能忠敬《いのうただたか》は「右八幡宮左側久留米、柳川石垣界、斜に四辻、久留米・柳川道追分《おいわけ》」と記している（『測量日記』）。この四辻は枡《ます》形《がた》となり、柳川藩の高札場《こうさつば》があり、榎津町出口《でくち》とも称し、肥前から筑後へ入る幕府御巡検使《ごじゅんけんし》の道筋であった。

小保町の性格であるが、延享三（一七四六）年の幕府御巡検に対する御答《おこたえ》書《がき》の中に「小保町の義は、大方農人または船乗りが勝《がち》にて、商人は少なく御座候」（「吉原文書」）と見える。事実、当時の就業者一二九人のうち、船の水《か》主《こ》賃取り六十七人、目籠《めご》鰯《いわし》売り三十四人、船大工三人を数える（享保四年、「吉原文書」）。港町というより漁港に近い。上町市場の字名は、魚市場に由来するという。しかし、幕末になると、小売商二十二、諸問屋六、旅人宿二、油屋七、造酒二、その他の店十一を数える港町に成長している（安政六年、「吉原文書」）。

小保町は榎津本町と東西方向に帯状に接し、浄福寺《じょうふくじ》、光楽寺《こうらくじ》、法泉寺《ほうせんじ》の古刹《こさつ》がある。江戸期の建造物として、武家屋敷の緒方家、吉原義朗家、御成《おなり》

門《もん》を構え、幕末に柳川藩の大庄屋役であった旧吉原家住宅（国指定重要文化財）が残っている。

光楽寺の天井板絵（木下陽一氏撮影）。光楽寺は寛永元年、柳川藩主・立花宗茂の創建と伝わる。板絵は藩の御用絵師・幽谷勝永の印があるものを始め計168枚が残る。例年４月のイベント「肥後街道宿場を歩く」の際に公開される

浦役、船役の町・榎津

江戸中期の『筑《ちく》後《ご》地鑑《ちかがみ》』には「榎津ハ河海《かかい》ノ会」と記されている。これは河川交通と海上交通の転換点に位置することを意味し、榎津は往古からの筑後の港であった。それで、難破船の救助や公儀荷物の運搬に従事する浦役《うらやく》や、造船を受け持つ船役《ふなやく》、漁業運上（起源不詳）が課せられていた。その一事例として、上流より川船で輸送されてきた日田天領の米を海船に替え、長崎へ回漕する役割が挙げられる。

船数は宝永三（一七〇六）年に二二〇艘を数え、一一九艘は往来手形を申し請け、八十一艘が艀船《はしけぶね》、八艘が貝取船《かいとりぶね》、二艘が渡し船であった（「石原家記」）。造船の記録は、慶長十（一六〇五）年に田中吉政が榎津村の船大工二名に宛てた諸役免除の文書が古い。天明八（一七八八）年、船大工六十七名、大工二名、嘉永七（一八五四）年、船大工一〇一名、大工四十一名を数える。大川家具の産地形成に関しては二、三の俗説があるが、船大工の集住が立地要因とされている。

榎津水天宮は、久留米水天宮の第一分霊社であり、その近くに川番所を支配する御番屋敷《ごばんやしき》が置かれ、四百石相当の御番士が任じられていた。また、筑後川を航行する他領の船は、榎津町別《べっ》当《とう》より艀往来手形を申し請けていた。

宝暦元（一七五一）年、対岸の向島《むかいじま》村《むら》に若津港が構築されると、水運機能は若津へ移行し、木工、鋳物、醸造などの商工業の町へ移行していく。宝永三（一七〇六）年、戸数四六二、町数十六町三十六間、人数二一四一人（「石原家記」）。小保町の二倍以上の町

域となっている。

町並みは、河岸に沿う向町《むかいまち》、浦町、城町、出来町、長町《ながまち》と、小保に沿う庄《しょう》分《ぶん》、本町、水入町《みずいれまち》に分かれる。本町の東端は小保に通じ、高札場、辻番所、藩境石があり、榎津町札の辻と称した。覚了寺《かくりょうじ》、願蓮寺《がんれんじ》、光福寺、正覚院《しょうがくいん》の古刹があり、高橋家住宅（市指定文化財）は江戸中期の建造物という。

小保・榎津は江戸期の町並みを面として残し、例年四月、有志による「肥後街道宿場を歩く」というイベントが開催されている。

［石橋泰助］

上：高橋家住宅。宝永７年から続く酢の醸造元（木下陽一氏撮影）
下：榎津町札の辻。久留米藩と柳川藩の街路が交差する交通の要衝であった

街道の町

木屋瀬の町並み（木下陽一氏撮影）

木屋瀬

こやのせ／北九州市

受け継がれゆく豊かな宿場遺構

独自の防御機能「矢止め」

江戸時代、大名などが江戸と領地を往復するにつれて、全国に街道が整備され、交通の要衝に宿場が形成されるようになった。福岡藩領の長崎街道筋には、黒崎や木屋瀬など六つの地域に大名などが休憩する御茶屋が設置され、宿場町へと発展していった。

木屋瀬は、冷水峠《ひやみずとうげ》を越えて長崎や熊本へ至る道と、遠賀川《おんががわ》を渡り赤間から福岡へ至る道の分岐点となっており、水陸の双方の交通や物流の拠点として多くの人やモノが行き交った。当初、木屋瀬宿は、福岡藩の支藩である東蓮《とうれん》寺藩《じはん》（後の直方藩）の支配下となり宿場町が形成された。その後、宿の運営と維持は本藩の管轄下に移管されることとなった。

木屋瀬宿は、北の入口の東構口《かまえぐち》（消滅）から南の入口の西構口（現存）まで約九〇〇メートルの間につくられている。東構口から新地町、下町、中町、本町、新町、改盛町《かいせいまち》及び感田町《がんだまち》と区画されている。宿場は、一本の通りに町がつくられており、御茶屋のある本町で「く」の字に折れている。御茶屋の隣には町茶屋、さらに南には船庄屋、村庄屋が置かれていた。また、御茶屋の前に問屋場《といやば》や郡屋が配され、宿場を管理する代官所や寺社は、街道筋からの小路に立地している。

西構口跡から旧宿場町を望む。左の家屋（旧安田家）は通りに平行せず斜めに建てられているが、当時はこのような家屋が連なり、鋸の刃のような家並みを形成していた。防御機能の１つで「矢止め」と呼ばれる

上：改盛町の町並み。写真左は伊馬春部生家として知られる旧高崎家住宅。旧高崎家は、江戸時代には絞蠟業、明治期は醬油業で栄えた／下：年貢米を運ぶ川船を管理していた船庄屋跡（梅本家）

『筑前国続風土記』（貝原益軒）には、元禄五（一六九二）年の人口は一二〇六人との記録がある。江戸時代の宿場の町並みの様子は、文政四（一八二一）年の『筑前名所図会』（奥村《おくむら》玉蘭《ぎょくらん》）や嘉永五（一八五二）年の「木屋瀬宿之図」（麻生東谷《あそうとうこく》、北九州市指定文化財）に詳細に描かれている。

一般の町家の特徴として、街道に面して間口が狭く奥行きが長い町割りとなっている。町家の多くが草葺《くさぶ》き平屋建てであるのに対し、庄屋などの大規模な建物は妻入り入母屋瓦葺《いりもやかわらぶ》きで、これらが街道沿いに混在している。また、木屋瀬独特の防御機能として、家屋を通りに並行せずに鋸の刃状に配置した「矢止め」が新町に見られる。

明治時代に入り、宿駅制は廃止され、宿場の施設は解体された。その後、木屋瀬の町並みは大きく変わることはなかった。明治中期以降、石炭産業の発展に伴い、木屋瀬は遠賀川の石炭輸送（川ひらた）の拠点として活気を取り戻し、近代的な町並みが形成されるが、石炭輸送が鉄道に替わり、次第に活気を失っていく。明治四十（一九〇七）年の大火で町家の多くが失われたが、その後再建され、伝統的な町並みが受け継がれてきた。

宿場町の面影を残す町家

都市化の進展や生活様式の変化により、現在では多くの旧家が解体されたが、今でも旧高崎家住宅（伊馬春部《いまはるべ》生家）、松尾家（旧村庄屋）、梅本家（旧船庄屋）、野口家（旧問屋場）などに街道が通っていた面影を残している。

　木屋瀬宿の主な建物を紹介する。

　旧高崎家住宅は、放送作家・伊馬春部の生家として知られている。天保六（一八三五）年に建てられた商家で、屋根の妻を表に見せた珍しい町家として市の文化財に指定されている。二階の座敷は、天井が舟の底のように両側に勾配がついた形の「舟天井」という珍しい造りとなっており、大戸口や摺り上げ戸など商家の面影が随所に見られる。

　旧高崎家住宅の北にある船庄屋跡（梅本家）は、年貢米の輸送を担い、二十四艘の川ひらたを管理していた。建物は、明治五（一八七二）年の建築で、その後醤油の醸造が行われてきた。南側にある村庄屋跡（松尾家）は、年貢徴収を監督する役割を担っていた。

　宿場町の中央付近には、遠賀川を背に御茶屋と町茶屋が置かれていた。現在は、街道・宿場の歴史を伝える「長崎街道木屋瀬宿記念館」となっている。同館は、御茶屋跡に立つ「みちの郷土資料館」（江戸時代の町並みを再現した模型などを展示）と、町茶屋跡に立つ「こやのせ座」（劇場）からなる。こうした施設建設に伴い行われた発掘調査で、建物が十七世紀前半に建てられたことが判明した。

上は御茶屋跡地に立つ「みちの郷土史料館」。御茶屋は本陣ともいい、大名や長崎奉行などが宿泊する施設。右はその向かいに立つ問屋場跡（野口家）

　御茶屋の前の角の建物が問屋場跡（野口家）で、人馬継《じんばつ》ぎや飛脚や荷物を取り扱うなど、宿場町に必要な機能を担っていた。宿場の南には西構口跡（市指定文化財）が保存されており、長崎街道と赤間道の分岐点となっている。

町並みに落ち着きをもたらす寺社

　街道筋から小路を入った所に、巨木が生い茂る永源寺がある。境内の南門は、木屋瀬御茶屋の正門として使用されていたものが、大正十二（一九二三）年に移築された。本堂は十八世紀

末の建築といわれている。

永源寺の西側の遠賀川に面して、扇《おうぎ》天満宮がある。室町時代に、連歌師の宗祇《そうぎ》が山口から大宰府に向かう途中に宿泊した場所といわれている。境内に、国学者・伊藤常足《つねたり》により神社の由来を記した碑が建てられた。

上：永源寺小路。奥に永源寺の山門が見える
下：西構口跡。構口は宿場の出入り口。北九州市内で唯一、遺構（石垣）が残る

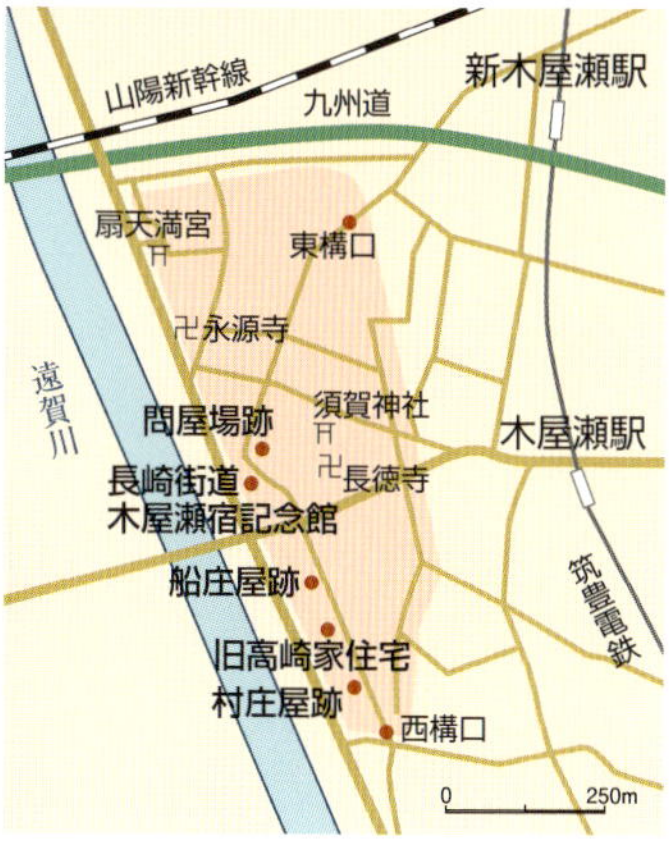

宿場町の中央には、須賀神社と長徳寺が立っている。須賀神社は、室町時代に神霊を祀ったといわれ、現在の社殿は大正時代に建てられた。境内には古い絵馬が奉納されている。

木屋瀬は、街道筋に面して大小の町家建築と周辺の寺社建築が混在し、江戸時代の落ち着きのある町並みを今に伝えている。地元住民と市が「木屋瀬地区街並み建築協定」を結び、住民の手により良好な町並みが保存されている。

こうした町並みに加え、伝統芸能である「木屋瀬祇園」（七月）、「木屋瀬盆踊り」（八月）、「子供えびす」（十二月）が大切に保存継承されており、木屋瀬の街道筋を舞台に行われる光景は、華麗なものがある。十一月には「筑前木屋瀬宿場まつり」が開催され、多くの人出で賑わう。

［冨田孝浩］

内野・山家

うちの／飯塚市　やまえ／筑紫野市

急峻な峠を挟む二つの町

内野と山家は、長崎街道・筑前六宿《ちくぜんむしゅく》の宿場町である。内野宿－冷水峠《ひやみずとうげ》－山家宿にかけての旧街道沿いは、当時の石畳道や建物など古い景観を残すことから、文化庁の「歴史の道百選」に選ばれている。

往時の面影を色濃く残す内野

内野は、山麓にひっそりと佇む農村である。三方を山林に囲まれた土地に形成された集落は、国道二〇〇号線の開発から外れ、往時を偲ばせる町並みが残された。江戸時代には、「九州の箱根」と呼ばれた難所・冷水峠を目前に控えた宿場として、多くの旅人で賑わった。また、ここは太宰府天満宮へ至る米山《こめのやま》越えの道（さいふ道、スダワラ越え）と長崎街道の合流地点でもあった。御茶屋付近には、当時、洗い場として利用されていた水路も残る。

内野は上町・下町・小路《しょうじ》の三町で構成される。当時の町茶屋（下茶屋）であった長崎屋（山内家）が残っており、現在は食事処や休憩所として利用されている。また、当時の質屋で銅葺《どうぶ》きの防火窓が印象的な小倉屋（安田家）、大庄屋山内家の分家で酒造業を営んでいた松屋、土蔵造りの麹屋《こうじや》など、漆喰《しっくい》壁の古い建物が旧街道沿いに立ち並ぶ。

なお、内野から旧街道沿いを飯塚方面に歩くと、横山峠の切通《きりどお》し（山や丘などを掘削した道）、長尾や阿恵《あえ》の犬《いぬ》矢来《やらい》を持つ古民家などを目にすることができる。

内野の小倉屋

三つの街道が交差する町・山家

内野から国道二〇〇号線沿いを長崎・鳥栖《とす》方面へ向かい、冷水峠を越えた

旧山家宿の西構口付近

所が山家である。山家宿は慶長十六（一六一一）年、福岡藩主・黒田長政の命で代官・桐山丹波守孫《きりやまたんばのかみまご》兵衛《べえ》が建設したことが、碑文や記録などからわかる。長崎街道、日田街道、薩摩街道と三つの街道が交差する交通の要衝で、参勤交代の大名行列、長崎奉行や日田郡代など、旅人の通行量が非常に多かった。

山家は大規模な宿場で、藩主の別邸兼参勤交代の本陣施設である御茶屋では、佐賀藩主や長崎奉行などが領内を通行する際、福岡藩主自ら山家に出向き、料理や酒、茶、菓子などでもてなした。この対面儀礼は「御出会《おであい》」と呼ばれる。

現在、御茶屋は残っていないが、西構口《かまえぐち》はほぼ完全な状態で現存しており、県指定史跡となっている。また、郡屋《ぐんや》跡には当時の土蔵や穀蔵が残っており、敷地内を見学することができる。

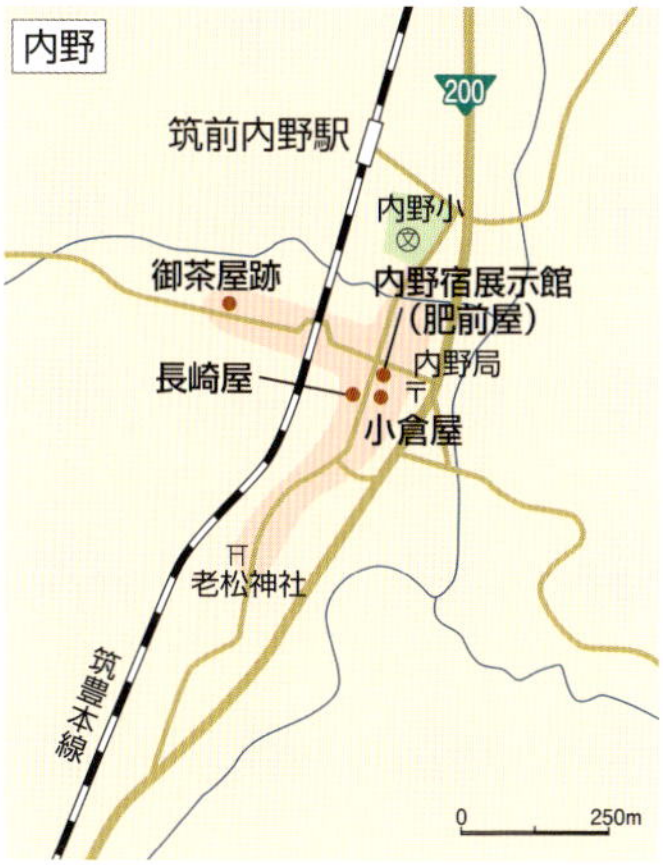

郡屋とは、村役人や宿場役人が集まって郡奉行の通達を受けたり、寄合《よりあい》を行ったりする施設である。

古い町家としては、新町の藤屋（満生家）、上町の松尾屋（満生家）、浦の下の山田家などが点在している。山家にはその他にも、秋月出身の女性放浪詩人・原采蘋《はらさいひん》私塾跡、由緒の古い恵比須石神像、四百年以上の歴史があるという山家岩戸神楽で知られる山家宝満宮など、名所・旧跡が数多くある。

［竹川克幸］

赤間・畦町・青柳

あかま／宗像市　あぜまち／福津市　あおやぎ／古賀市

江戸期の風情を残す旧宿駅

重厚な町家が連なる赤間

旧赤間宿は、唐津街道と赤間往還（木屋瀬《こやのせ》で長崎街道に接続する）の分岐点に位置する。多くの物資が集まって様々な商店が軒を連ね、「赤間へ行けば花嫁道具が全部揃う」といわれたほどであった。現在、JR教育大学前駅の南、県道五〇三号線沿いに、ほぼ一直線に古い町並みが広がる。漆喰《しっくい》の白壁に瓦屋根の重厚な「居蔵造り《いぐらづくり》」の町家は妻入りと平入りの両方が混在し、屋根の形や窓の形、装飾の鏝絵《こてえ》にも様々な様式が見られる。

町並みの中でも、出光興産の創業者・出光《いでみつ》佐《さ》三《ぞう》の生家や、銘酒「楢の露」で知られ、軒先の看板と煉瓦造りの煙突が目を引く勝屋酒造、宿場で共用された辻井戸などは見所である。通りには「桝屋」「蒟蒻屋」などの古い木製看板が残り、「赤間宿」と書かれた江戸時代風の辻行灯《つじあんどん》も配置されていて、当時の宿場町の雰囲気を味わうことができる。

また、赤間と畦町の中間に位置する原町《はるまち》は宿駅ではないものの、古民家や古い塀が並んでおり、趣のある町並みである。この赤間から原町にかけての一帯は国土交通省の「日本風景街道」にも選定されており、町並みを活かしたまちづくり、観光ルートの整備が進みつつある。

寛政２年創業の勝屋酒造（木下陽一氏撮影）。旧赤間宿には木製の辻行灯（写真左下）が設置され、江戸期の風情を醸し出している

青柳の町並み。右奥は御茶屋跡に立つ青柳醤油

ひっそりと佇む畦町の家並み

畦町は、その名称からもわかるようにもともと農村集落であったが、寛永年間（一六二四－四四）に赤間宿と青柳宿の間の休憩地として宿駅が設置された。現在は山間の静かな場所に、往時を偲ばせる町並みがひっそりと残っている。特に、卯建《うだつ》のある白壁の町家や茅葺きの家並み（現在は防火用のトタンカバーがかけられている）、旧造り酒屋の建物などは、宿場町の雰囲気をよく留めている。

青柳に点在する宿場の名残

青柳は、九州自動車道の古賀インターに近い田園地帯の中にある。かつては様々な屋根形態が見られたというが、残念ながら現在、そのような賑わいは影を潜めている。しかし、町並みをゆったりと歩いてみると、点在する古い建造物を目にすることができる。

現在も、防衛目的で通りを大きく屈曲させた「鉤《かぎ》の手《て》」を中心にS字型の町並みを形成している。宿場の中心には西構口《かまえぐち》の築地塀の一部が残り、御茶屋跡には創業九十余年という青柳醤油が立つ。その他には、煉瓦造りの明治期の登記所跡、「ないのは馬の角だけ」と謳われた雑貨商「赤間屋」、複雑なくど造りの古民家などが残る。

［竹川克幸］

香春・猪膝・大隈

かわら／香春町　いのひざ／田川市　おおくま／嘉麻市

秋月街道の歴史的風致

企業城下町として栄えた香春

香春の町は、細川忠興《ただおき》の弟の孝之が慶長六（一六〇一）年に香春岳《かわらだけ》城《じょう》（鬼ケ城）に入城したことにより、整備された。元和元（一六一五）年の一国一城令以後は秋月街道（小倉街道ともいう）の宿駅として栄え、幕末の慶応二（一八六六）年には小倉小笠原藩が藩庁を移し、明治二（一八六九）年までは藩の中心地であった。明治時代以降も香春の中心であり続け、昭和八（一九三三）年にはセメント工場を誘致し、企業城下町として栄えた。

町は北から殿町、職人町、本町と続き、札《ふだ》の辻《つじ》から道が二本に分かれ、町口まで続く。街道に沿った山下町の道と平行する、もう一本の魚町の道である。山下町の香春岳側には寺院が並び、古くからの雰囲気を醸し出している一方、その他は商店などが軒を連ね、近現代の町並みの様子が窺える。

往時の雰囲気を残す猪膝

猪膝は秋月街道の香春と後述する大隈町に挟まれた町で、金国山《かなくにやま》の山裾にある。宿駅として栄えた町であるが、明治六（一八七三）年の筑前竹槍一揆の発端となった町としても知られている。国道から外れているため、現在でも当時の雰囲気を感じ取ることができる。大正十二（一九二三）年に博多の

香春の山下町から
札の辻方向を望む

上：大隈の梅ケ谷酒造
左：緩やかな坂が続く猪膝の町並み。右側の白壁の建物は大正12年創業という中村商店（キクスイ醤油）

大工によって建築された白壁、入母屋《いりもや》造《づく》りの屋根を持つ重厚な造りの醤油醸造所を中心に、緩やかな坂に沿って町並みを構成している。

交通と商業の要衝・大隈

大隈の町は、豊臣秀吉にゆかりのある陣羽織や、「黒田節」の槍取りで有名な母里《もり》太兵衛《たへえ》友信《とものぶ》が在城した大隈城がよく知られている。この地は秋月街道と日田街道が交差する所で、交通・商業の要地として栄えた。

町は九日町、五日町、三日町と、市が立った日に由来する町から構成されている。国道から外れた箇所は往事の雰囲気を残しているが、道筋の一部は道路拡幅による軒切りなどの影響が見られる。町の中には古くからの建物が点在しており、現在でも見ることができる二軒の酒造所の造りには圧倒されるものがある。また、香春と同じく寺院や神社が一区画を形成している。

［久野隆志］

松崎

まつざき／小郡市

街道の歴史と文化が香る町

久留米藩北辺の宿場町

松崎宿の成立は、有馬豊範《とよのり》が寛文八（一六六八）年に御原郡《みはらぐん》に分知を受け、寛文十三年に松崎館を築いたことに始まる。松崎藩の設置に伴い、延宝二（一六七四）年には従来の横隈往還《よこぐまおうかん》に代わり、府中宿から松崎宿に至る松崎往還が新たな参勤交代道路となり、薩摩藩、久留米藩、柳川藩、熊本藩などの大名たちがここを通った。貞享元（一六八四）年、松崎藩が廃止されるが、幕末まで筑後地域における重要な宿場町として繁栄していた。

宿場は宿場駕籠・人足・馬が常備され、諸大名が利用する御茶屋の整備も行われた。松崎藩の成立とともに整備されたので、宿場町としての歴史は浅いが、当初より宿場町を意図してつくられた町である。また、幕末の松崎宿には一二九軒の家があり、そのうち二十六軒が旅籠を営んでいた。

出入口に当たる構口《かまえぐち》の配置や枡形《ますがた》道路の形状など、宿場町としての典型的なスタイルを踏襲しており、同じ久留米藩内の羽犬塚宿《はいぬづかしゅく》も基本的に同じ構造である。特に、松崎宿は、久留米藩の北辺国境の宿場町として位置づけられ、福岡藩に対する北側枡形は入念な構造でつくられ、穀留番所《こくどめばんしょ》などが設置された。また、久留米藩主が参勤交代で上府・帰国する際には、必ず松崎宿で旅装や容儀を整えたといわれている。

文化３年の銘がある恵比須像

現存する歴史・自然遺産

歴史遺産としては、江戸時代の建築の旅籠《はたご》・油屋、一松屋、明治時代の旅籠建築の鶴小屋、同じく明治時代の建築の三原家土蔵・洋館や、宿場の出入口に当たる北・南構口、文化三（一八〇六）年の年号が刻まれている恵比須様などが残っている。

油屋は、江戸時代の旅籠建築として形を留める唯一のもので、小郡《おごおり》市の有形文化財に指定されている。構口は、左右とも石垣状で構築され、東海道の

宿場の出入口にあった「見附《みつけ》」に倣っている。

自然遺産として、桜馬場は江戸時代から山桜が植えられ、戦前には福岡県の天然記念物の指定を受けた。県下でも有数の桜の名所として知られ、現在は桜まつりが開催されている。

上：灯明でライトアップされた油屋。江戸時代後期の大型旅籠
下：北枡形の角地に立つ三原家土蔵・洋館。枡形は外敵の侵入を阻むため、直角に折れる道

住民主体の景観まちづくり

平成三年の台風により油屋が被害を受けたことを契機として、地元住民で「松崎地区町並み保存会」が結成され、その後、平成十九年には、地元住民が主体で「松崎景観御触書」や、景観保全の方向性を示した「松崎景観憲章」が作成された。油屋、三原家洋館では、ジャズコンサート、「松崎街道百年ばなし」の影絵劇、語り部会、そして薩摩街道沿いでは灯明まつりが開催され、歴史遺産を活用した住民主体の景観まちづくりが推進されている。

なお、三原家土蔵は松崎宿歴史資料館として、旅籠油屋に残る品々が展示されている。

［宮田浩之］

西新・高取・藤崎・姪浜・前原

にしじん・たかとり・ふじさき・めいのはま／福岡市　まえばる／糸島市

街道沿いに点在する古い町並み

ビルの谷間に残る歴史的景観

西新・高取・藤崎は、唐津街道に沿って発達した集落である。

西新は寛文六（一六六六）年に福岡藩三代藩主・黒田光之《みつゆき》の産土神《うぶすながみ》・橋本八幡宮の勧請によって、警護の武家住宅から門前町へと発展した町で、中西・大西と街道の西側へ集落が発達した。西新地区は、「菊池道」の追分石《おいわけいし》が残るなど街道の旧状を留めているが、町家の建物はわずかに過ぎない。

高取は宝永五（一七〇八）年、祖原《そはら》の上山に藩御用の高取焼御焼物所（東皿山）が設けられたことが地名のおこりとなった。三瀬《みつせ》街道が分岐する大西地区（現在は高取一丁目に含まれる）には、当時は酒・醤油の醸造、質屋、呉服屋、油屋、米屋、肥料屋の店舗があった。伊佐家住宅は、伊佐油屋本家から明治十四（一八八一）年に分家し、屋号は「油屋」と称して米穀と肥料を扱っていた。江戸時代末の店舗部は、間口三・五間、中二階建て切妻造《きりづまづく》り建物である。一階外面は千本格子戸になっており、道路に面した間口八間（約一四メートル）規模は、存在感を示している。

伊佐家住宅。江戸末期の建築で、間口は約14メートルを測る

左：高尾家住宅（ふとんのタカオ）。明治20年建築の白壁造り建物
右：東（写真右）から旧醤油蔵、主屋棟が並ぶ松田家住宅は、店舗部と座敷部建物が並列する特徴を持ち、麹室や炊事場が付属する。平庭には土蔵がある

　高取地区には、江戸期から大正期に建てられた一群の町家があり、高尾家住宅（「ふとんのタカオ」、明治二十年）、松島家住宅（大正三年）など、いずれも平入りの白壁造り建物で、往時の街道景観を色濃く残している。江戸期から大正期まで醤油醸造業を営んだ松田家は、間口十三間（約二三メートル）を測る。これらのほとんどが明治時代の大工・竹内庄兵衛《しょうべえ》によって改築されており、技術やデザインに共通性を見ることができる。

　藤崎は、「踏崎」「富士見崎」ともいい、四代藩主・綱政《つなまさ》が建立した黄檗《おうばく》宗千眼寺《しゅうせんがんじ》の門前町として発展した。千眼寺は普茶料理で有名で、住職によると、八月の施餓鬼《せがき》供養は「東の筥崎放生会《ほうじょうえ》」に並び称せられるほど賑わったという。『筑前名所図会』には千眼寺の前身である曇華庵《どんげあん》の西側に一里塚が描かれている。

　藤崎の交差点辺りにある、藁細工を営んでいた田中家住宅は、敷地の間口は約二〇メートルで、主屋は間口七間の中二階建て切妻造り建物であるが、桟瓦《さんがわら》と白壁のコントラストも相まって重厚な姿が際立っている。

「姪浜千軒」の面影

　旧姪浜宿は、平戸・唐津方面から博多へ入る陸上・海上交通の要所であった。名柄川《ながらがわ》河口の姪浜浦は、海運と商業、漁業で栄え、筑前最良の塩の産地としても知られていた。現在は福岡市で唯一の海苔養殖が行われている。網屋町では、航海の安全祈願として戸口に一年中注連縄《しめなわ》を張っており、町家の家々には住吉神社の魔除けの河童面が飾られている。

　姪浜宿は、筑前二十七宿の一つで、「姪浜千軒」と称された。『筑前名所図会』によれば、宿場の東西に構口《かまえぐち》が設けられ、制札と人馬継所《じんばつぎしょ》は住吉神社の西側にあったようである。宿場には藩主の御茶屋が設けられ、旅籠《はたご》もあった。伊能忠敬《いのうただたか》が文化九（一八一二）年八月に姪浜宿の「本陣金住屋利吉」に宿泊している。

町家は平成十七年の福岡県西方沖地震の影響でずいぶん減ったが、街道筋、魚町通り、網屋町筋、東西の構口周辺に約百棟の建物が点在している。醸造業や近代和風建物を除き、平入りの町家が多い。万正寺《まんしょうじ》に通じる網屋町筋には吉村家住宅の草葺《くさぶ》き建物、東構口付近には明治期の金山神仏具店、西構口には大正期の白壁造り建物三棟が並ぶ。本通りの石橋啓延《ひろのぶ》家住宅には嘉永六（一八五三）年の家相図がある。石橋長次郎家住宅は間口七間の中二階建て切妻造り建物で、江戸時代の特徴をよく残している。白水商店（マイヅルみそ、国登録有形文化財）は、妻入りの土蔵が二棟並ぶ並蔵形式である。大正二（一九一三）年から清酒「金盛」を醸造していた。

上：姪浜宿西構口付近の明治・大正期の建物
下：石橋長次郎家住宅。江戸時代の特徴をよく残す中二階建て切妻造り建物

福岡藩最西端の宿場町・前原

前原宿は、福岡藩最西端、幕府領や唐津藩領との境目にあるため、慶長の頃には人馬継所が、天草の乱後には関番所が置かれていた。『筑前国続風土記附録』では、二代藩主・忠之《ただゆき》の時に

前原のレストラン「古材の森」の建物と町並み

黒漆喰の重厚な外観が特徴の辰美商店

御茶屋と宿場ができたとしている。

　宿場本通りは約五〇〇メートルの長さで、東西の出入口に構口が設けられ、西構口には明治四十二（一九〇九）年建立の追分石が立っている。宿場の中心部には、御茶屋、町茶屋、代官所、郡屋、問屋場《といやば》、制札があり、唐津藩主や福岡藩主の他、文化九（一八一二）年には伊能忠敬も町茶屋に宿泊した。

　宿場は、明治時代以降に前原商店街として賑わい、今も江戸期から昭和初期までの卯建《うだつ》を上げた町家、平入り・妻入りの建物、土蔵などが断続的に軒を並べている。醸造業は間口が狭く、奥行が長い妻入り建物としている。

　寛政七（一七九五）年創業の綿屋（「天平工房」）の分家で呉服商を営んだ通称「出店」（レストラン「古材の森」）は明治三十四年に建てられ、間口六間の主屋と表門を構えている。明治期になって酒造業で栄えた呉服泉屋の分家「泉屋」（徳丸家）は妻入り建物で、間口四間、奥行き二十間の細長い敷地に土蔵が縦に連続しており、見応えがある。その他、街道筋で一際大きく目立つのが陶磁器販売の「辰美商店」で、間口六間の平入りの入母屋造《いりもやづく》り二階建て建物であるが、黒漆喰《くろしっくい》の壁は重厚感がある。大正ロマンの影響を受けて天井が高く間口が広い、開放感がある店舗となっている。［井澤洋一］

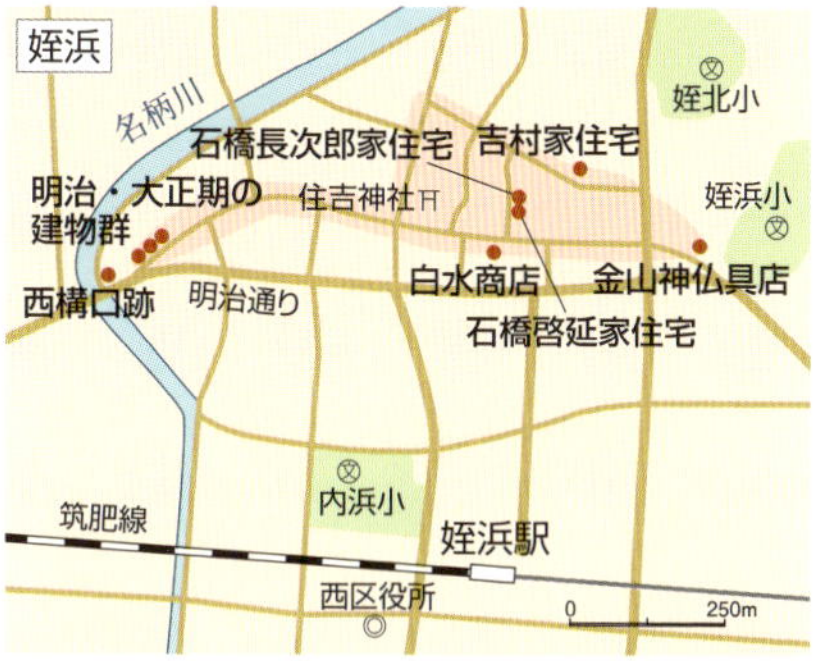

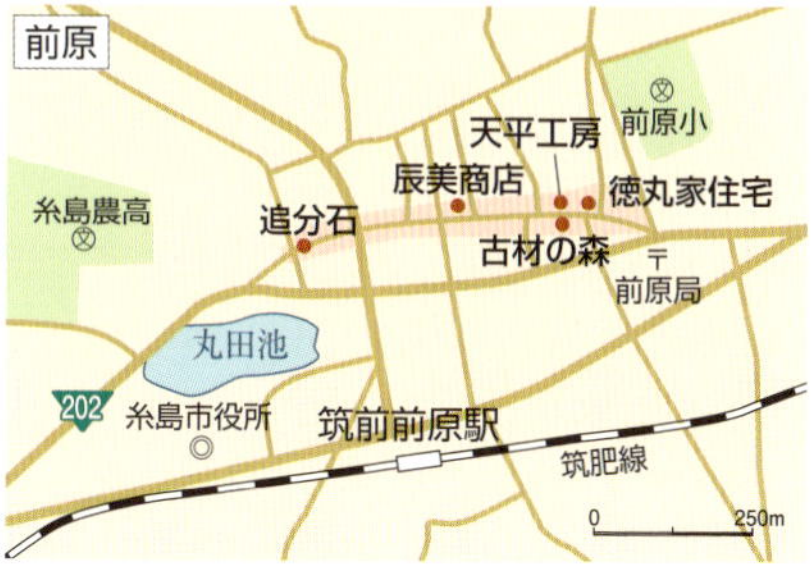

次郎丸・金武

じろうまる・かなたけ／福岡市

宿場景観を濃密に残す町

唐津街道の祖原《そはら》（旧福岡西町）から分岐する三瀬《みつせ》街道は、筑前国の金武宿、飯場宿を経由して国境の三瀬峠を越えて佐賀城下に至る街道で、別名「飯場街道」「早良街道」とも称された。祖原から金武宿までは二里二十四町で、その間に次郎丸間《あい》の宿《しゅく》があった。

小規模かつ美しい町並み・次郎丸

次郎丸間の宿は、江戸時代後期頃にでき、明和八（一七七一）年の家数は八軒である。福岡藩主の狩りの「御成《おなり》所《しょ》」としての町家もあった。商業と農業の兼業のため主屋は町家造りであるが、全体に農家屋敷となっている。屋号には、「新屋」「酒屋（岩井屋）」「質屋」「紺屋」「万十屋」「油屋」「酢屋」が残っている。道幅二間の街道に面して明治時代初めの漆喰《しっくい》壁建物四棟と近代和風建物三棟が約三〇〇メートルにわたって並び、卯建《うだつ》を上げた家や、鏝《こて》絵《え》を見ることができるなど、宿場の景観をコンパクトに留めている。

かつての集落は石橋家と柴田家の二つの姓で構成されていた。石橋義章家住宅は、嘉永の頃に二代が質屋と紺屋を営んでいた。主屋は間口四間の中二階建て切妻造《きりづまづく》りで、街道に面した土蔵壁面に鏝絵を描いており、福岡では他に例がない。柴田繁三家住宅は、文化十四（一八一七）年に酒造業を創業し、西本願寺の檀家取締を務めた家系で、

左：次郎丸の町並み／右：鏝絵が描かれた石橋家住宅の土蔵

左：鍋山家住宅／右：ぎゃらりぃ花うさぎ。築120年の古民家で展覧会やコンサートを開催。下は土間天井の梁

「次郎丸庄屋、大庄屋格」であった。間口五・五間の中二階建て切妻造りで、座敷部の表に小庭を造り表門を設けている。土間には屋内井戸が設けられ、外壁は漆喰白壁で蔀戸《しとみど》が見られる。

趣深い旧宿場・金武

金武宿は、筑前二十七宿の一つで、人馬継所《じんばつぎしょ》が置かれ、酒屋、醤油屋、質屋、味噌屋、染物屋が軒を連ね、明和八（一七七一）年頃には家数六十軒であった。宿場は標高差約二〇メートルを測る丘陵斜面に設けられており、約三〇〇メートルの本通りは大きく曲がり、他にはない立地である。街道両側は玉石・切石で石垣が構築され、そこに漆喰白壁の町家や土蔵、さらには近代和風建物が点在するため、趣のある旧宿場の風景を醸し出している。

旧鍋山酒造分家の鍋山家は通称「両替屋」といわれ、初代は明治三十三（一九〇〇）年創業の壱岐銀行の経営に関わった人物である。大正期の主屋は中二階建て切妻造り建物で、金武支店としても使われた。一階は通り土間に沿って玄関、中の間、居間があり、女中部屋もある。屋敷には街道に面して主屋と土蔵を並べ、その間に表門を構えている。西構口《かまえぐち》辺りにある「ぎゃらりぃ花うさぎ」は明治期の建物で、通り土間天井吹き抜けのハリミセが見事である。

［井澤洋一］

産業の町

門司港駅（木下陽一氏撮影）

門司港駅
MOJIKŌ STATION

直方

のおがた／直方市

数奇な歴史が育んだ多様な景観

陣屋町から在郷町、そして炭鉱町へ

直方市街地の成立は約四百年前に遡る。元和九（一六二三）年、福岡藩初代藩主・黒田長政の遺言により、現在の直方市街地に中心を置く支藩・東蓮《とうれん》寺《じ》藩《はん》四万石が成立した（後に直方藩に改名）。寛永三（一六二六）年にかけて陣屋城下町が整備されたが、現在の古町商店街は、この時期に形成された商業地を起源としている。元禄元（一六八八）年には一万石が加増され、城下町も南側に大きく拡大、現在の新町二・三丁目、門前町などが成立する。

しかし、四代藩主・長清《ながきよ》の嫡男・菊千代（後の継高《つぐたか》）が福岡本藩の継子となったため、享保五（一七二〇）年、長清の逝去をもって直方藩は廃藩となった。廃藩後、藩士はすべて福岡に転出。町の衰退を懸念した直方の町人は、藩に願い出て遠賀《おんが》川《がわ》の西岸を通行していた長崎街道を直方の町に誘致することに成功する。さらに市を開いて周辺農村部からの客を呼び込み、江戸時代後半期に直方は在郷町《ざいごうまち》としても発達した。

明治二十二（一八八九）年、直方町と山部村が合併し、現在の殿町西南部に官公庁が置かれ、新町を中心に栄えた。明治四十三年には駅が現在位置に移転。大正期には遠賀川改修工事が完成し、市街地は北側に拡大する。大正十五（一九二六）年には五町村合併により町の規模が拡大。昭和六（一九三一）年、市制を施行し、市役所が現在位置に置かれ、官公庁街がその周辺に移転した。

明治・大正期、直方は石炭産業の興隆に伴い大きく発展する。明治十八年、筑前国豊前国石炭坑業組合が発足、取締所が直方に置かれる。明治二十二年には三菱が新入《しんにゅう》炭坑に進出。明治二十四年には筑豊興業鉄道の若松－直方

文久３年建築の香原家住宅

上：現在も開業中の江浦医院
下：側面の煙突が特徴的な石炭記念館本館

間が開通。明治三十一年には貝島鉱業合名会社が直方を本社として発足。同年には炭坑経営者の堀三太郎も邸宅を新築している。

　こうした中、それまで畑や空き地であった旧武家地の市街地化が進む。殿町通りに面していた貝島鉱業本社の周辺には社宅が並び、銀行・病院が建ち、次第に都市機能を充実させていった。市街地周辺には炭坑機械を製作する鉄工所が急増。直方町の人口は明治八年から四十年までの間に、一九二〇人から一万七九七人と五倍以上に膨れ上がり、この間の都市化がいかに急速であったかを物語っている。

町の歴史を物語る建物たち

以下、直方の町並みに残る代表的な建造物の概要について述べる。

　城下町時代の建物はほとんど残されていないが、西徳寺の山門は、直方藩主館の門を移築したものという伝承がある。江戸時代以来の商業地は、細長い短冊形地割りで、街道に面した主屋の背後に中坪や土蔵、離れなどを配する場合が多い。

　江戸末期の建物は新町地区に数棟が残る。香原家住宅は、文久三（一八六三）年に建てられた妻入りの土蔵造り、中二階建てで、屋根は入母屋《いりもや》造《づく》りである。当初は出入り口に吊り上げの大戸を建てていた。

　明治期になると、町家に混じり洋館が目立つようになる。江浦医院は、明治三十四（一九〇一）年に建てられた木造瓦葺き二階建て寄棟《よせむね》造《づく》りの建物で、外壁はドイツ下見板《したみいた》張《ば》り、玄関の破風《はふ》には複雑な垂飾を設けている。石炭記念館本館（市指定有形文化財）は、明治四十三年に筑豊石炭鉱業組合の直方会議所として建てられた重要な建造物。木造瓦葺き二階建ての洋館で、側面の煙突が特徴的である。

　大正期になると、炭坑による繁栄を象徴する銀行、公会堂、商工会議所などの大型洋風建築が増加する。現存している旧十七銀行直方支店（現「アートスペース谷尾」）は、大正二（一九一三）年に建てられた二階建ての木造建築。マンサード式の屋根（腰折屋根）を持ち、いわゆる辰野式に属する赤茶色のタイルと白い石の組み合わせが鮮やかである。当初は平面八角形の塔屋の頂上にドームを頂き、軒回りにパラペット（手すり壁）を配した華やかな印象の建物であった。

　この頃、貝島鉱業本社が置かれていた殿町周辺に病院の洋館建築が増加する。現存する旧讃井《さぬい》医院（現向野堅一記念館）は、大正十一年に建てられた木造二階建て桟瓦葺《さんがわらぶ》きモルタル造りで、北東の隅に三階建ての塔屋を配したセセッション風。屋根の周囲にはパラペットが巡り、モダンなデザインの玄関上部はバルコニーとなっている。

　この時期には町家にも豪壮なものが目立つ。旧篠原家住宅（現直方谷尾美術館収蔵庫）の主屋は平入りの本二階建て、二階外壁は大壁造《おおかべづく》りで軒裏まで漆喰《しっくい》で塗り込め、くり型を付した窓を三カ所に設ける。中の間は吹き抜けで、離れを含め各部屋とも非常に高い天井を持っている。前田園本店と石原商店合名会社本店は、大正十五年に相次いで建てられた町家である。いずれも主屋は二階部分に銅板の装飾をふんだんに用いた平入りの建物で吹き抜けを持つ。他にも該期の豪壮な商家は、古町商店街に数棟が残されているし、殿町の旧長崎街道沿いにも点在する。この

上：旧十七銀行直方支店。赤と白の組み合わせが美しい
下：旧讃井医院。玄関上部はバルコニーになっている

左：写真左から前田園本店と石原商店合名会社本店
上：旧奥野医院（現直方谷尾美術館）

頃の町家の形態は概ね平入りに統一されている。

昭和初期の建築で特徴的なものとして、旧奥野医院（現直方谷尾美術館）を挙げることができる。大正二年に開院したが、昭和十五（一九四〇）年に火災により焼失。その年に再建された。木造二階建ての洋館で、装飾帯を配した大きな庇《ひさし》を持つ玄関や、縦線を強調し連続的に配置された一・二階の窓が印象的なモダニズム様式の建築。中庭に突き出し、一・二階で異なった直径を持った円筒形の院長室は非常に象徴的である。

上記の江浦医院、旧讃井医院、旧奥野医院、旧篠原家住宅、前田園本店、石原商店本店は、いずれも殿町通りに面した長さ三五〇メートルほどの範囲に集中し、近代直方の繁栄を物語る独特の景観を形成している。

以上のように、陣屋城下町として成立した直方は、約四百年の歴史の中で、廃藩と長崎街道の通過、石炭産業の興隆に伴う発達、エネルギー革命など様々な変転を経験してきた。こうした複雑な歴史を語る建造物が各所に残り、特に石炭産業の興隆を背景に出現した、町家と洋館が混在する近代建築群は壮観である。

［田村悟］

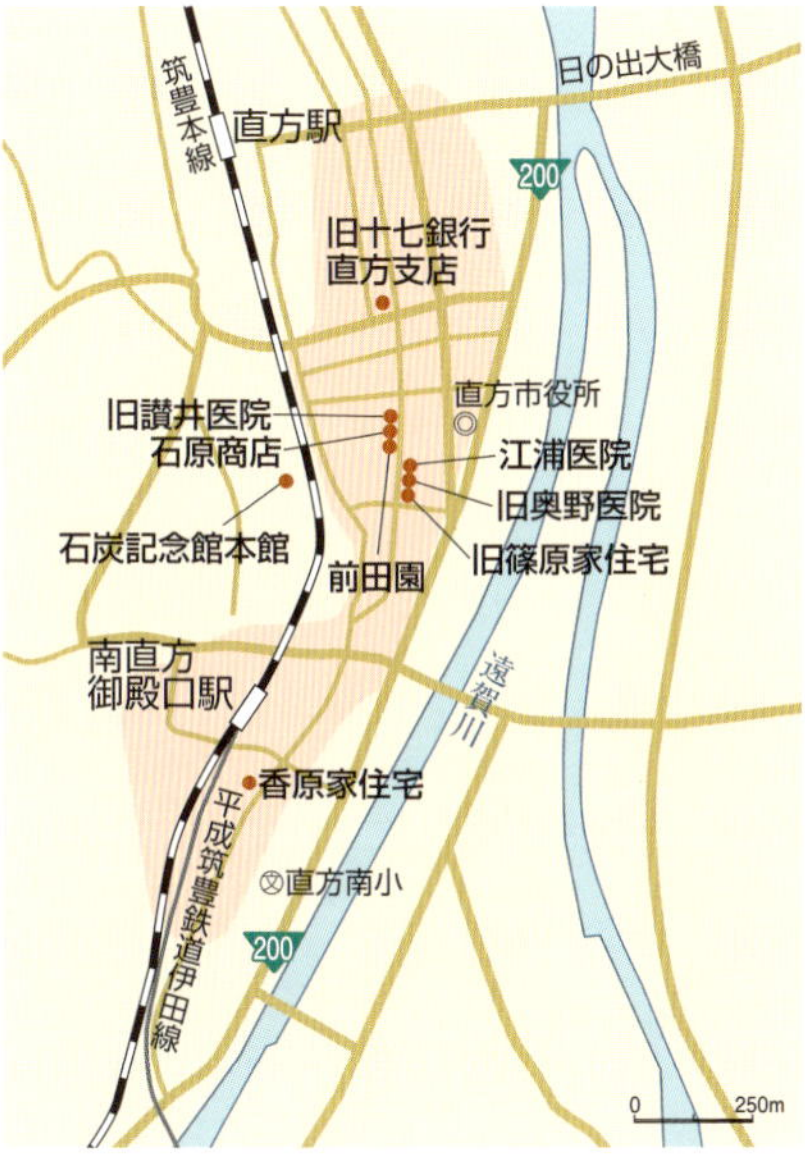

飯塚

いいづか／飯塚市

宿場町から川筋の「炭都」へ

川筋の町・飯塚は、旧長崎街道沿いの宿場町、炭鉱の町として発展した。明治期の『福岡県地理全誌』によれば、長崎街道沿いに立地し、街道に間口を開き、町並みを形成した集落は「町立」として記録され、内野、長尾、太郎丸（天道《てんとう》）、飯塚、片島、幸袋《こうぶくろ》、川島の名が列挙されている。その後、石炭産業の展開や鉄道の敷設、遠賀川《おんががわ》の改修などにより開発が進み、町の景観も大きく変わった。ここでは飯塚市内の古い町並みを有する地区を紹介する。

宿場の名残を留める飯塚地区

現在の本町商店街・東町商店街の場所が宿場町に当たる。商店街のアーケードを歩くと、町並みはほとんど店舗になったが、「鰻の寝床」と呼ばれたように奥行きの深い店が多い。一歩路地裏に入れば、その通りが太養院《たいよういん》や明《みょう》正寺《しょうじ》、真福寺などの寺院の門前であったりして、散策すると楽しい。付近の町名や通り名も、年貢米（徳米）の積み出しにちなむ徳前《とくぜん》を始め、向町、宮下、住吉通りや恵比須通り、紺屋通りなど、由来の古いものが多い。旧長崎街道沿い、納祖《のうそ》八幡宮付近の宮下から片島にかけては、古い醤油屋跡や古民家、矢止めの町並みなどが残る。

市街地を流れていた穂波川《ほなみがわ》（飯塚川）は埋め立てられ、緑道公園として整備されている。また、埋め立てでで

片島の町並み（木下陽一氏撮影）

明治元年創業という天道の瑞穂菊酒造（木下陽一氏撮影）

きた昭和通り沿いには、住吉宮跡、郡屋跡、晒場《さらしば》跡など、宿場町時代の史跡が残る。昭和通りを奥に入ると、江戸期の歌舞伎小屋の建築様式を今に伝える嘉穂《かほ》劇場がある。また、昭和通り沿い、遠賀川を渡って飯塚駅方面に向かえばそこは菰田《こもだ》地区で、荒物屋、骨董屋など、大正・昭和の面影を残す町並みが残る。

商業集落として賑わった天道

天道は遠賀川水系の穂波川と泉河内《いずみごうち》川《がわ》の合流点付近に位置し、水運の基地として、また飯塚宿と内野宿の間の商業地として栄えた。天道とは、貝原益軒の『筑前国続風土記』によれば、寛永年間（一六二四－四四）に松永孫四郎入道正斎が天よりのお告げで「天道宮」の社を建てたことに由来するという、縁起のいい地名である。

明治期には鉄道も敷設され、引き続き商業街として栄えた。現在でも、明治元（一八六八）年創業の瑞穂菊《みずほぎく》酒造や明治二十四年創業の魚佐《うおさ》醤油などが、往時を偲ばせる景観を形成している。付近には、天慶三（九四〇）年、藤原純友《すみとも》の乱の際、朝廷軍の大将・源満仲《みつなか》が陣を敷いたことに由来する大将陣山という展望のよい景勝地もある。

柏の森に立つ、贅を尽くした邸宅

JR新飯塚駅にほど近い柏《かや》の森《もり》地区には、麻生家の邸宅がある。前総理大臣・麻生太郎氏の実家としても知られる麻生家は、明治時代に炭鉱経営で財を築き、「筑豊御三家」（麻生・貝島・安川）と称された。

また、麻生家の別邸・大浦荘は、飯塚の観光名所の一つとなっている。大正末期に建てられたという、数奇《すき》を凝らした入母屋《いりもや》書院造りの邸宅は、一階約二三四坪、二階約十九坪の広さを持つ。建材は主に檜《ひのき》と杉で、柱には「四《し》方柾《ほうまさ》」という、四面に柾目《まさめ》（樹心に平行する真っ直ぐな木目）を出した貴重な木材を使用している。また、芝生を張り巡らせ、背景に様々な樹木が植えられた庭園は、四季折々に美しい表情を見せる。年に数日一般公開されており、特に春の「筑前いいづか雛《ひいな》の祭

麻生家の別邸・大浦荘。春と秋に一般公開されている

り」と秋の紅葉の時期には多くの観光客が訪れる。

先人の知恵を伝える川島の町並み

遠賀川右岸の低地に位置する川島は、弥生時代から古墳時代にかけての遺跡が多く残る。江戸期には福岡藩の船場（渡し場）が置かれ、川船の船頭集落、櫨蠟《はぜろう》の生産地として栄えた。町は上町、下町、殿町（裏町）に分かれ、船頭家の古民家などの町並みが残されている。

またこの地区は、旧来の農村集落の形態や地域信仰のあり方をよく伝えている。東西南北に十字路が走り、四方の出入り口や辻には、川島八幡宮や宮地嶽神社、天満宮などの神社や祠、堂、石碑などが存在する。疫病の忌避、集落の安泰、家内安全を祈って町全体がつくられたことがわかる。また、この地は古くから洪水に悩まされたため周辺に多くの堤防が築かれたようで、現在も、洪水時に板戸をはめて水をせき止めたという、花崗岩《かこうがん》製の水門跡が残る。当時の人の生活の知恵や工夫が、町の姿からよくわかる。

幸袋に残る炭鉱王の旧邸

遠賀川を挟んで川島の対岸に位置す

川島の町並み（木下陽一氏撮影）

る幸袋は、遠賀川水運の要所として発展し、明治以降は中小の地元企業や財閥資本による開発が相次いだ。旧長崎街道に面した本町から新町にかけて、鏝絵《こてえ》のある旧家など昔の町並みが残る。

旧伊藤伝右衛門邸の北棟。２階に柳原白蓮の部屋があった

この地区を代表する建物が、本町にある旧伊藤伝右衛門邸（市指定文化財）である。万延元（一八六〇）年に生まれた伝右衛門は、苦労の末、石炭事業を成功させるとともに、地域の教育・文化事業にも尽力した。その本邸は明治三十年代後半に築造され、大正・昭和を通じて数度の増改築が行われた。邸宅は南棟、北棟、玄関・食堂棟などの家屋五棟と土蔵三棟からなり、池を配した約一五〇〇坪の回遊式庭園を持つ。当時の建築技術の粋を集めた近代化遺産として、また歌人・柳原白蓮《びゃくれん》が伝右衛門の妻として約十年間を過ごした場所としても注目され、観光客が後を絶たない。

　また、近隣には勢田《せいた》（旧頴田町《かいたまち》）の旧松喜醤油屋付近の白壁の家並みなどもあり、町歩きを楽しむことができる。

［竹川克幸］

三池

みいけ／大牟田市

町の歴史を物語る炭鉱の遺構

炭鉱とともに歩んだ歴史

大牟田は三池炭鉱とともに発展してきた町である。石炭発見の歴史は古く、文明元（一四六九）年、地元の農夫が稲荷山《とうかやま》で焚き火をしていた時、石（石炭）に火が燃え移ったとの伝承が伝わっている。江戸期には旧柳川・三池のそれぞれの藩領で採炭が行われ、瀬戸内地方の製塩の燃料として多く使用された。明治六（一八七三）年、一帯の石炭山は官収され官営三池炭鉱となり、お雇い外国人の指導も受けながら近代的炭鉱として発展していく。

その後、明治二十二年には三井に払い下げられ、石炭の輸出はもとより、コークスの生産時に得られる副産品から化学製品をつくるようになる。炭鉱の坑口と港、また各工場は専用鉄道で繋がり、石炭化学コンビナートを形成していく。三池炭鉱自体は平成九年三月に閉山したが、市内には化学や機械関係の工場が今も現役で稼働している。

近代化産業遺産群

三井化学大牟田工場J工場は、高さ四七メートルを誇る鉄筋コンクリート造り七階建ての白亜の工場である。昭和十三（一九三八）年建設当時は「東洋一」の高さを誇り、町のシンボルであった。

宮浦坑は官営期の明治二十一（一八八八）年に開坑した坑口であり、現在その一部が宮浦石炭記念公園として整備され、高さ三一・二メートルの煉瓦造り煙突がその威容を誇っている。

宮原坑は明治三十一年開坑の坑口で、第二竪坑櫓《たてこうやぐら》及び巻上機室などが残っている（明治三十四年築）。かつては三池集治監《しゅうじかん》（刑務所）の囚人による坑内作業が行われていたが、昭和五年、坑内での囚人労働の禁止の通知に合わせ翌年三池刑務所が閉庁、宮原坑も閉坑する。しかし、その後も坑内水のくみ上げなどに使用された。

万田坑は明治三十五年開坑の、当時

三井化学大牟田工場J工場。今も大牟田のランドマーク的存在

宮原坑跡に残る第二竪坑櫓と巻上機室
右：宮浦石炭記念公園に立つ、高さ31.2メートルの煉瓦造り煙突。
下：宮浦石炭記念公園から三井化学専用鉄道を望む。かつて炭車を引いていた電気機関車が、今も工場とJR鹿児島本線の間（約1.8キロ）を走る

国内で最大規模を誇った坑口である。お隣の熊本県荒尾市にまたがる敷地に第二竪坑櫓及び巻上機室、事務所棟や安全灯室が残る。

三池港は明治四十一年、石炭積み出し港として開港した。干満の差が著しい有明海に面するため、水深を確保するために沖へ延びた長い堤防や、干潮時に閉まる閘門《こうもん》を持っている。周囲には旧長崎税関三池税関支署や旧三井港倶楽部なども残る、今も現役の港湾である。

このように大牟田には三池炭鉱に関連する施設が残っており、世界遺産国内暫定一覧表記載の「九州・山口の近代化産業遺産群」の構成資産として、現在世界遺産本登録に向けて取り組みが進められている。

［坂井義哉］

若松・戸畑

わかまつ・とばた／北九州市

日本の近代化を支えた港湾都市

明治期に急速に発展

深紅の長大吊り橋・若戸大橋で結ばれる若松と戸畑。明治時代初期は、いずれも二千人に満たない寒村であった。この二つの町は、遠賀川《おんががわ》と洞海湾《どうかいわん》を結ぶ堀川や鉄道による筑豊産の石炭の輸送、明治三十四（一九〇一）年に操業を開始した官営八幡製鐵所を背景に、近代的な工業・港湾都市へと変貌を遂げた。

明治中期以降、鉄道の開通により、洞海湾は石炭輸送の拠点として近代的な港湾となった。両岸には石炭桟橋が建設され、石炭の輸送や販売を行う商社などが数多く立地し、日本一活気のある町並みがつくられた。また、製鉄所、紡績工場、鋳物工場、水産工場など数多くの産業施設が立地し、日本の近代化を支えた。

当時の活気を伝える建物群

現在、若松側には、石炭会館（明治三十八年）、上野海運ビル（大正二年）、旧古河鉱業若松ビル（大正七年）、栃《とち》木《き》ビル（大正九年）などが当時の繁栄ぶりを今に伝える建物として、保存・活用されている。石炭会館は、若松石炭商同業組合の事務所として建てられた木造二階建ての建物で、現在はテナントビルとなっている。旧三菱合資の若松支店として建てられた上野海運ビルは、ドイツから輸入した煉瓦造りの三階建てで、二階吹き抜けの天井のステンドグラスが特徴である。旧古河鉱業若松ビルは、建物の角の三階建ての円塔が特徴で、煉瓦と石張りの壁が美しい、「若松南海岸（若松バンド）」のシンボル的な建物である。若戸大橋下

若松南海岸（通称「若松バンド」）。洞海湾に面して立つ石炭商関連の建造物が、当時の繁栄を物語る

左：３階建ての円塔が特徴的な旧古河鉱業若松ビル／上：石炭会館。築100年を超えた今も現役のテナントビルである

の「わかちく史料館」は、若松港や洞海湾の開発、人々の暮らしなどを模型や写真で紹介している。

戸畑側の牧山海岸には石炭を直接船に積み込める鉄道岸壁や貯炭場がつくられた。また水産基地として繁栄した戸畑港のシンボルである日本水産ビル（昭和十一年）や、大型船が着岸できる港湾整備に伴い建設された一文字灯台（大正十五年）を見ることができる。

若戸大橋北側には、洞海湾の浚渫《しゅんせつ》などで埋め立てが進み、石炭や鉄を基盤とした金属・機械の工場が多く立地するなど、洞海湾では、経済大国となった我が国の近代産業発展の姿を見ることができる。最近では「工場萌え」という新たな観光スポットとして注目を浴びている。

［冨田孝浩］

戸畑港のシンボル・日本水産ビル

門司

もじ／北九州市

海の香りが漂うレトロな町

国内有数の物流拠点

九州の最北端に位置する門司は、古くから大陸や都を結ぶ交通の要衝として、多くの人やモノが行き交う場所であった。

江戸時代までの門司は、塩田の広がる寒村であった。明治中期以降、筑豊での石炭採掘の拡大に伴い、国内外への石炭輸送の拠点となり、明治二十二（一八八九）年に石炭や米などの特別輸出港に指定され、明治二十四年に九州鉄道（現JR九州鹿児島本線）が門司まで開通したことにより、門司は国内有数の国際物流の拠点として重要な位置を占めてくる。

門司港に交通や物流機能が集積するに伴い、塩田を埋め立て、港湾や市街地の建設が始まり、近代都市へと急激な変貌を遂げた。この時に、第一船溜まり、桟橋通り、鎮西橋、本町、港町など、現在の町並みが整備された。周辺には、大阪商船、日本郵船、三井物産、三菱合資会社などの支店や出張所が設置された。九州鉄道本社の移転（明治二十四年）、日本銀行西部支店の移転（明治三十一年）を始め、物流を支える交通機関、金融機関、商社、船会社、倉庫や官庁などが集積し、国際貿易都市として日本の近代化を支えた。

九州を代表する観光地へ

門司は、明治二十二（一八八九）年の人口は三〇六〇人であったが、約十年で人口は三万人を超え、明治三十二年に門司市が誕生した。

日清戦争及び日露戦争を契機に門司

門司のシンボル・門司港駅

港は重要視されるようになり、大陸や東南アジアに近い立地を活かして、海外との国際定期航路が開設するなど、横浜や神戸と並び日本を代表する国際貿易港へと発展する。明治時代末からの関門航路の整備に伴い港の近代化が急務の課題となり、西海岸の大規模な埠頭工事などが行われ、国際物流の拠点としての地位が飛躍的に高まった。

太平洋戦争後、大陸との貿易の中断や貨物のコンテナ化などの変化が、門司港の相対的地位を低下させ、金融機関や商社などの相次ぐ移転により、門司港は人やモノの交流拠点としての役割を終えることとなった。

昭和六十（一九八五）年に、民営化を進める国鉄が旧門司三井倶楽部を解体する意向を示したのを機に、北九州市は、こうした歴史的な建物を保存するとともに観光施設として活用する「門司港レトロ事業」を本格的に始めた。現在、門司港駅（国重要文化財）を中心に西洋建築が立ち並ぶ、異国情緒溢れる魅力的な町となり、九州を代表する観光地へと生まれ変わった。

門司港地区の主な歴史的建造物

名称（旧名称など）	建築年
九州鉄道記念館（九州鉄道本社）	明治24(1891)
旧門司税関	明治45(1912)
門司港駅（門司駅）	大正３(1914)
旧大阪商船ビル（大阪商船門司支店）	大正６(1917)
旧門司三井倶楽部	大正10(1921)
岩田家住宅（岩田酒店）	大正11(1922)
NTT 門司電気通信レトロ館（門司郵便局電話課）	大正13(1924)
門司郵船ビル（日本郵船門司支店）	昭和２(1927)
旧大連航路上屋（門司税関１号上屋）	昭和４(1929)
門司区役所（門司市役所）	昭和５(1930)
三宜楼	昭和６(1931)
山口銀行門司支店（横浜正金銀行門司支店）	昭和９(1934)
旧ＪＲ九州本社ビル（三井物産門司支店）	昭和12(1937)

洋風建築と和風建築の混在

門司港の主な歴史的建造物を紹介する。

門司のシンボルである門司港駅は、二代目の駅舎として大正三（一九一

旧門司三井倶楽部

四）年に建てられたネオ・ルネサンス様式の木造の建物で、外観は石造風の雰囲気がある。駅舎の山手に、赤煉瓦の九州鉄道記念館が立っている。この建物は、市内最古の煉瓦建築で、九州鉄道の本社として使われた。

門司港駅横の六階建ての旧三井物産門司支店は、アメリカ式のオフィスビルで、JR九州の本社としても使用された。その向かいにある建物は、切妻《きりづま》の三角屋根が特徴の旧門司三井倶楽部（国重要文化財）で、社交場としての

上：旧門司税関／右上：旧大阪商船ビル（木下陽一氏撮影）／右下：NTT 門司電気通信レトロ館（旧門司郵便局電話課庁舎）。明治－平成の電信・電話機器を展示している／下：山口銀行門司支店。戦前、桟橋通りから鎮西橋にかけては日本銀行や都市銀行の支店が立ち並び、金融と貿易の中心として機能していた

雰囲気があり、かつてアインシュタインが宿泊した部屋も残っている。その隣に立つのは、八角の幾何学的な塔が特徴の旧大阪商船ビルで、外国航路の待合室などがあった。

三宜楼（中央）を望む路地。三宜楼は、門司が貿易港として栄えていた昭和６年につくられた高級料亭。木造３階建てで、高い石垣の上に立つ

　第一船溜まりに面して立つのが、赤煉瓦二階建ての旧門司税関。民間の倉庫として使用されていたが、レトロ事業で生まれ変わり、絵画の展示などを始め税関の情報コーナーが設置されている。NTT門司電気通信レトロ館や門司区役所、山口銀行門司支店などの金融機関のオフィスビル、町家や三宜《さんき》楼《ろう》などの料亭の和風建築も残っており、レトロな町並みを形成している。

　門司港の魅力として、美しい歴史的建造物が多いイメージがある一方、大通りから一歩狭い路地に入ると、石垣や煉瓦壁を持つ落ち着きのある建物など、活気に満ちていた往時の面影を見ることができる。近代的な建物に和風建築が混在する光景は、ノスタルジックな雰囲気を感じさせる。

　門司港駅から和布刈《めかり》地区に向かうトロッコ列車から眺めるレトロ調の町並みと潮風の香る光景は、とりわけ格別なものがある。

［冨田孝浩］

店
-3778

街角の風景

柳橋連合市場（福岡市提供）

市場街

福岡県を代表する二大市場街、柳橋連合市場と旦過市場

古来、町や村に「市」が立つ日があった。この日を楽しみに、周辺地域から多くの人が集まったものだ。今も「市」が付く地名があるのはその名残である。市場街のルーツをそこに求めれば、それこそ枚挙にいとまがない。ここでは俗にいう県内二大市場街を紹介する。

大八車から始まった柳橋連合市場

ホテルニューオータニ博多から住吉神社の方向へ歩いて二、三分、那珂川《なかがわ》に架かる柳橋のたもとに柳橋連合市場はある。市場商品の鮮度を計る目安は、料理のプロの買い付けがどの程度あるかだという。その点では、客の七割が料亭、料理屋、屋台などの料理人という同市場の商品は鮮度が高いといえよう。店舗数は四十七。中には百円ショップや空店舗もあるから、実質四十五店舗。業種は鮮魚、海産物、精肉、野菜、酒など多彩だが、やはりメインは鮮魚、海産物店。全体の四割を占める。

この市場、もとはといえば大正七（一九一八）年頃、鮮魚の行商人数人が魚市場（現福岡市中央卸売市場鮮魚市場）で仕入れた魚を大八車《だいはちぐるま》に並べて売っていたのが始まりらしい。その後、次第に行商人が増え市場の姿になり、大正後期頃、半田惣助がこの集合体を「柳橋廉売市場」と命名。ところが昭和初期、市場の十三店舗が地主から立ち退きを迫られる事態が持ち上がった。市場側は当然、断固反対。鮮魚商の阿部親子が中心となって地主と交渉を続け、その結果、阿部親子が土地を買い取り、息子の名にちなんで「明市場《あきらいちば》」と命名し市場を開業したという。これが現在の連合市場の土台である。

開業後の市場には毎日威勢のいい掛け声が飛び交い、買物客がそこに群がった。まさに大活況、大繁盛の様相を呈したという。この繁栄ぶりに出店を申し出る人々が急増、組合も組織されるようになった。「サービス」「中央」「明第一」「明第二」「宝新道」などがそれだ。が、昭和十年代になると、日本は戦争へと突入。市場も低迷し始め、

それは終戦時まで続いたという。

　息を吹き返したのは戦後間もなく。柳橋界隈に闇市が立ち、連動して市場も急速に勢いを取り戻した。五つの組合が戦前からの「明市場」の名称を「柳橋連合市場」と改称したのもこの頃である。その連合市場が全国に名を知らしめたのは、平成五年に神戸市で開催された「全国有名市場サミット」。この時、旦過市場《たんがいちば》とともに参加し、福岡県に「柳橋あり」「旦過あり」を大いにアピール、その後メディアに登場する機会も増え観光客も訪れるようになり、今日の隆盛を迎えた。最大の呼び物は毎年十一月第一日曜日に開催される柳橋連合市場起業祭「うまかもん祭り」。訪れた人に大アラ鍋が無料で振る舞われるなど各種のイベントで、この日ばかりは喧噪のるつぼと化す。

「博多の台所」とも呼ばれる柳橋連合市場。近年は県外からの観光客も多く訪れている（福岡市提供）

ルーツは魚の荷揚げ場・旦過市場

旦過市場は、JR小倉駅でモノレールに乗り換え、二つ目の旦過駅で下車するのが便利である。繁華街の外れといった印象があるが、町名は魚町四丁目だから中心地に変わりはない。紫《むらさき》川《がわ》支流・神嶽川《かんたけがわ》の側に位置し、小文字《こもんじ》通《どお》りを挟んで魚町銀天街《うおまちぎんてんがい》に接続している。

　市場は長いアーケード街になっていて、規模では福岡の柳橋連合市場を遥かに超え、二百店舗以上が軒を連ねる。とはいえ業種は連合市場と大差ない。こちらも客層はプロの料理人が多いらしく、その点は福岡県の東西の市場で、商品鮮度の高さを競っている感がある。

　旦過市場の原点は、魚の荷揚げ場だったという。大正二（一九一三）、三年頃、この辺りは湿地帯で、きのこの生えた空き地であったらしい。玄界灘で獲れた魚を積んだ伝馬舟が神嶽川を上り、この空き地に網ごと荷を揚げ商いを始めたのであろう。周辺は魚町、鳥町、紺屋町《こんやまち》といった商人町や、古くからの住宅街である。玄界灘で獲れたばかりの鮮度と味の良さがたちまち評判を呼び、毎日客が押しかけるようになった。噂は一瞬のうちに百里を走るようだ。どこで聞きつけたのか、田川、中津方面からも野菜や果物、中には薪などを持った行商人なども集まり、いつの間にか市場のような形態をとり、賑わい始めた。市場の機能を持ち始めたことで、神嶽川の川下の方から一の組、二の組、三の組と分類され、仮設店舗が建てられた。これが現在の旦過市場の原型である。

旦過市場。鮮魚店、青果店の他、名物「じんだ煮」や鯨肉を扱う店も多い。川に迫り出した店舗群が東南アジア的な雰囲気を漂わせる

　昭和になると旦過は卸売と小売を兼ね備えた市場として成長するが、同十二（一九三七）年頃、卸商は当時の魚町四丁目にあった魚市場の方へ移される。そのため空いた店舗には従来以上の鮮魚、海産物、青果店が入居を求めてきたため、神嶽川に迫り出す形で木造小売店舗が次々に建てられていった。

　問題はこの点にある。旦過市場を裏側、つまり神嶽川の方から見ると一目瞭然だが、店舗建物の約半分は水上にある。どこかアジアの水上市場を髣髴《ほうふつ》させる景観ではあるが、見ようによっては非常に危険でもある。事実ここでは火災事故があったし、集中豪雨で市場街が水浸しになったこともある。それでも、旦過市場の存在は昭和の良き風情という根強い意見もあるだけに、今後は防災面の強化に努めたい。

［加藤哲也］

商店街

多彩な表情を見せる〝我が町の顔〟

地域づくりの中心となる商店街

日本における商店街の起源は、鎌倉時代の定期市まで遡ることができる。ただし、二日市（筑紫野市）などの場合はさらに古く、古代大宰府の設置に伴い整備された条坊制の市に由来するという。他には、江戸時代の街道沿いに発達した宿場町、寺社参道に土産物屋などが軒を連ねた門前町（仲見世通《なかみせどお》り）、港湾や鉄道駅周辺などに集まった商店群や市場街に由来する例がある。共通するのは、交通・流通の要衝で人や物資の往来が多く、集客を期待できる地域に店舗が集まって、自然発生的に形成されたことである。

大正・昭和期になると、呉服商などの有力商店から発展した百貨店が近隣に誕生し、映画館を始めとする娯楽施設、食堂街などが形成され、さらに発展していく。特に祭りの縁日や歳末の大売り出しなどの際には周辺地域から多くの人が集まり、盛況を博した。

昭和の終わり頃まで、商店街に一家揃って出掛けることはレジャーの一つであった。その後、買い物のスタイルが変わり、郊外の大型店の進出も増え、一部の元気な商店街を除いては人通りが少なくなってしまった。しかし近年、地域活性化の核として商店街を再生しようという動きが活発化しており、若者やNPO団体の出店、特産品やご当地グルメの開発、空き店舗を利用したイベントなどが盛んに行われている。

福岡県内には個性的な顔を持ち、人情味溢れる商店街が数多く存在するが、ここではその中から特徴的なものをいくつか紹介してみたい。

「銀天街」という名の起こり

北九州でよく見られる商店街の愛称「銀天街《ぎんてんがい》」とは、小倉北区の魚町《うおまち》銀天街を発祥とする。「銀天街発祥地」碑によると、昭和二十六（一九五一）年に日本で初めて公道上にかかるアーケードが完成、「銀の天井に輝く街」を意味する「銀天街」と命名され、以降その名が各地へ広がったという。

門司区の栄町商店街（銀天街）は、個性的な個人商店が立ち並び、レトロな雰囲気が漂っている。また、長崎街道の宿場町であった黒崎（八幡西区）には、碁盤の目のように商店街が交差する黒崎商店街があり、江戸期創業のうどん屋や角打ちのできる酒店など、どこか懐かしく、味わい深い店が多い。

上：魚町銀天街。銀天街の名はここから始まった
下：西新中央商店街。道にリヤカーが連なる（福岡市提供）

「うまかもん」が集まる町

古くから大陸への窓口、商業の拠点として栄えてきた福岡・博多は、新鮮な海の幸、四季折々の山の幸、また中国や韓国を始めとするアジアンフードなど、様々な食材が集まる場所である。商人の町、福岡市博多区中洲の川端商店街は老舗店舗が多く、周辺には須崎の問屋街などの古い町並みも残っている。最近ではキャナルシティ博多や博多リバレインなどの大型施設との回遊性向上により人通りが増えている。福岡市中央区天神の新天町商店街は、空襲で焼け野原となった天神地区に活気を取り戻そうと、自らも被災者であった博多部の老舗店舗が集まって生まれた。一本の公道上に天井を設けるのではなく、商店の密集地全体をアーケードで覆ったような形となっている。かつては「平面デパート」とも称され、ファッションや雑貨の店が多いのが特徴である。

また、唐津街道沿いに発展した西新中央商店街（福岡市早良区）は、周辺が学生街でもあることから、老若男女、多くの買い物客が訪れ活気がある。この名物といえば「リヤカー部隊」。道の中央にリヤカーが連なり、新鮮な食材や花、自家製の漬物、味噌などを販売している。

おもてなしの心で活性化

筑後地区の商業の中心・久留米には、西鉄久留米駅前から六ツ門地区までの複数の商店街や飲食店街から構成される「久留米ほとめき通り商店街」がある。「ほとめき」とは久留米弁で「おもてなし」を意味する。これを合い言葉に一致団結し、各地の庶民の味を紹介するB級グルメの祭典「B−1グランプリ」や、街角をキャンパスに語学や歴史を学ぶ「六ツ門大学」など、独自の取り組みで活性化を進めている。

炭鉱町の個性的な商店街

旧長崎街道の宿場町で、炭鉱景気でも栄えた飯塚には多くの商店街があるが、その代表格が飯塚本町商店街。ここは旧飯塚宿の街道筋がそのままアーケード街になっている。現在も食料品・日用品の路上販売が多く、歳末の大売り出し「永昌会《えいしょうかい》」は大いに賑わう。路地裏には寺社を中心とする古い町並みも残っている。

直方の古町商店街も長崎街道筋に形成された商店街で、江戸時代から続くという老舗もある。古町・殿町・須崎町・明治町の各商店街が毎月五日に開催する「五日市」は庚申社《こうしんしゃ》の縁日に由来するもので、毎回活況を呈する。

飯塚・直方と並び「筑豊三都」に数えられた田川。ここを代表する二大商店街が、後藤寺《ごとうじ》商店街と伊田《いた》商店街である。両者とも駅やバスセンターに近い好立地のため、長年多くの人で賑わってきた。炭鉱全盛の頃からの店舗が多く、昭和の雰囲気が漂うノスタルジックな商店街である。

［竹川克幸］

上：久留米の六ツ門商店街。多様なイベントを行っている
下：飯塚本町商店街。かつては長崎街道の宿場であった

温泉街

疲れを洗い流し、心身を癒してくれる桃源郷

問われる地域の魅力

温泉街とは一般的に、温泉地の旅館やホテル、民宿などの宿泊施設や温浴施設が立ち並ぶ町並みを指す。また、周辺の飲食店や商店、土産物店、遊戯店なども含んでそう呼ばれることが多い。

　江戸時代以降、湯治の旅が庶民の間でも盛んになり、長期滞在のための宿泊施設（湯治宿）の建設が温泉街の形成を促進させた。その後、観光や宴会目的の団体客の増加とともに近代的な大型ホテルの建設、リゾート地としての開発が進んだが、レジャーの多様化により宿泊者数が減り、残念ながらさびれてしまった所も多い。一方で、昔ながらの鄙びた温泉地の人気は高く、温泉街とその周辺も含めた地域の魅力が問われる時代となっている。

　福岡県内の温泉地は、博多温泉（福岡市）、二日市《ふつかいち》温泉（筑紫野市）、まむし温泉（糸島市）、脇田《わきた》温泉（宮若市）、薬王寺《やくおうじ》温泉（古賀市）、原鶴《はらづる》温泉（朝倉市）、片の瀬温泉（久留米市）、船小屋《ふなごや》温泉（筑後市・みやま市）など、意外に多い。ここでは比較的歴史が長く、風情のある町並みが残り、散策も楽しめるような温泉街を紹介したい。

万葉の時代から続く二日市温泉

JR鹿児島本線二日市駅から歩いて五分の二日市温泉は、大宰府のお膝元の温泉地として一三〇〇年以上の歴史を持つ。大宰府に赴任した大伴旅人《おおとものたびと》が妻を亡くした時に詠んだ「湯の原に鳴く芦田鶴《あしたづ》はわがごとく妹《いも》に恋ふれや時わかず鳴く」という歌が『万葉集』にあり、「湯の原」は二日市温泉を指すという。薬師の湯、次田《すいた》の湯、武蔵温泉とも呼ばれ、「博多の奥座敷」と謳われた。

　かつては多くの旅館が立ち並び、川湯もあって、風情のある温泉街であった。明治二十九（一八九六）年にここを訪れた夏目漱石は、「温泉《ゆ》のまちや踊ると見えてさんざめく」と往時の賑わいの様子を詠んでいる。

江戸時代には黒田の殿様のための御前湯があったが、その名は今も市営の公衆浴場「御前湯」として残っている。御前湯の向かいには、万延元（一八六〇）年創業、木造三階建てで趣のある「博多湯」が立つ。また、昭和天皇もお泊まりになったという「大丸別荘」は、風格ある建物と約三千坪の回遊式日本庭園が印象的な老舗旅館である。「俳諧の宿」とも呼ばれ、高浜虚子も愛したという「玉泉館」は純和風の造りで、枯山水の庭園が美しい。

かつて町の中を流れていた川は暗渠《あんきょ》となっているが、通りに植えられた柳の葉が揺れ、温泉街の歴史と風情を感じさせる。付近には太宰府天満宮や、九州最古の寺である武蔵寺《ぶぞうじ》や天拝山《てんぱいざん》など見所も多い。

上：万延元年創業の博多湯。老舗の公衆浴場として今も多くの市民に親しまれている／下：大丸別荘の裏玄関。武家屋敷のような佇まいが印象的（２点とも木下陽一氏撮影）

筑後川のほとりに佇む原鶴温泉

原鶴温泉街。筑後川に沿って旅館やホテルが軒を連ねる

原鶴温泉は、九州一の大河・筑後川中流域の中州部分に展開する温泉郷である。雪が降った日に、雪が積もらない場所があったことから温泉を発見したという伝説がある。また、鶴が河原で湯浴みをしているところを発見した、あるいは羽を傷めた鶴が傷を癒したことから「原鶴温泉」という名前になったとする説もある。江戸時代は日田街道の宿場である久喜宮宿《くぐみやしゅく》と志波宿《しわしゅく》の間に位置し、湯治場として栄えた。

昭和五十年代に放水路ができるまでは温泉街の近くまで水田が広がっていて、田園地帯の風情を残していたという。現在は、老舗旅館やホテルが二十軒ほど立ち並ぶ。温泉街からは耳納連《みのうれん》山《ざん》を望むことができ、筑後川の流れと相まって魅力的な景観を味わうことができる。

県内随一の湧出量を誇る原鶴の湯は無味無臭で透明感があり、肌がなめらかになるので「美人の湯」ともいわれている。地域の名物料理は筑後川の川魚料理で、夏の風物詩「鵜飼《うか》い」漁を楽しむこともできる。また、周辺には筑後川温泉（うきは市）や片の瀬温泉（久留米市田主丸町）があり、白壁の重厚な町並みで知られる吉井も近い。

日本有数の炭酸含有量・船小屋温泉

矢部川を挟んで筑後市側に船小屋温泉郷、みやま市側に新船小屋温泉郷がある。筑後市の船小屋温泉は、文政七（一八二四）年に庄屋が村人を集めて掘り当て開湯したという。また、対岸の新船小屋温泉は慶応三（一八六七）年に発見され、明治になって入湯場が整備されたといわれている。

雀も鉱泉源の近くに落ちてきたと伝えられるくらい多量の鉄分を含む湯が特徴である。明治十九（一八八六）年には日本一の炭酸含有量と分析され、浴用だけではなく飲用の効能が高いと評判になり、長期滞在の湯治客などを迎える宿泊施設が整備された。また、川沿いの狭い地域で市街地化が進み、

船小屋鉱泉場（筑後市）。天然の高濃度含鉄炭酸水を味わうことができる。みやま市側には長田鉱泉場がある

料亭や飲食店、遊戯場、土産物店などが軒を連ねた。日露戦争中は陸軍指定の転地療養所に指定され、活況を呈したという。

　現在、旅館の数はそれほど多くないが、桜並木の川べりや楠の大木が茂る中ノ島公園など、湯上がりの散策には格好の場所があり、季節になればホタル鑑賞や名物の鮎料理を楽しむこともできる。また、筑後市側・みやま市側それぞれに鉱泉場があり、その場で高濃度含鉄炭酸水を飲むことも、汲んで持ち帰ることもできる。

山間の鄙びた温泉地・脇田温泉

　脇田温泉は、福岡市方面から久山を通過し、犬鳴峠《いぬなきとうげ》を越えた山裾の渓流沿いに位置する。温泉が湧出する場所の意味から、最初は湧田《わくた》という地名であったが、転じて脇田となった。開湯は奈良時代とされ、大伴旅人が大宰府赴任中の天平年間（七二九ー七四九）に入湯したといわれる。また、江戸時代の地誌『筑前国続風土記』にもその名が登場する。

　源泉近くには、かつて「湯場」と呼ばれる公共風呂があり、近くの農家の人たちが一日の疲れを癒しに訪れていたという。戦後、筑豊の炭鉱が全盛を迎え、昭和三十年代には歓楽街的な温泉地として賑わったが、現在は山間の静かな温泉地に戻っている。付近には遊歩道「楽水《らくすい》之《の》径《みち》」があり、初夏のホタルが飛び交う時期には幻想的な雰囲気に包まれる。

［竹川克幸］

脇田温泉街。規模は大きくないが、静かで風情のある佇まい

町並みを活かしたまちづくり

都市の発展と保存

地域の歴史と文化が濃厚に現れている歴史的町並みは、重要な文化資源であり、地域活性化の有効な資源でもある。バブル華やかな頃までは、このようなことを言えば、「発展を阻む後ろ向きの発言だ」「新しい道路を通し建物を建て替えないと町の未来はない」と反撃されることが多かった。つまり、都市の発展は開発しかなく、発展（＝開発）と保存は対立する概念として捉えられていた。

しかし、開発された結果どこの町も同じ顔になり、個性のない画一化された街が日本中に溢れることとなった。発展のために建て替えられたはずの多くの商店街も衰退の一途を辿っている。さすがに進むべき方向が間違っていないか、あるいはこのままでは日本の地方の魅力が失われてしまうのではと危惧する人々が多くなり、歴史的な町並みが徐々に注目を浴びることとなった。

国もこの動きに応じるように歴史的資産を活用したまちづくりを支援する「歴史まちづくり法」（正式名称は「地域における歴史的風致の維持及び向上に関する法律」）を平成二十年に制定した。この法は文化財行政（文化庁）とまちづくり行政（国土交通省、農林水産省）が連携して提出した事業法で、都市の発展と保存は対立するものではなく、保存しながらの持続的な発展もあり得ることが認められたことになる。

町並み保存の意義

今や町並み保存は地域の個性を活かしたまちづくりの一手法として認識され、各地で様々な取り組みが展開している。町並みとは人々の長い営みが創り上げてきたもので、単なる表面だけの景観ではなく、地域の歴史や文化、住民の人生観までも具現化されたものである。したがって、町並み保存とは地域の今後の方向性を決める重要なまちづくりとなる。

しかし、いかなるまちづくりにおいても地域住民が全員賛成で進んでいるわけではなく、無関心な人や反対する人も存在する。ましてや町並み保存は、住民にある程度の規制を強いることになり、抵抗を示す住民がいることも事実である。そこで今一度、町並み保存によるまちづくりの意義を考えてみたい。

①地域の歴史と文化を目に見える形で再認識することができ、誇りやアイデンティティの醸成に繋がる。それは、次世代への文化伝承の一助となる。

②地域の風土や文化を反映した歴史的町並みはそこにしかないユニークなものであり、これを規範とした町並み形成は個性的な景観となる。

③歴史的町並みには伝統的な祭礼や産業も生きており、これら伝統文化の継承が良好なコミュニティの維持に貢献する。それは安全・安心なまちづくりへと繋がる。

④町並みを訪れる人々と地域住民の交流の場となり、まちづくりの活性化になる。さらに観光資源として活用することにより、地域への経済効果も期待できる。

⑤歴史的町並みを構成する建造物は木、土、石などの自然の材料で地域の風土に合った建て方が工夫されている。それはCO_2削減に貢献でき、低炭素社会のモデルともなり得る。

以上のように様々な意義がある。伝統家屋を住み継ぐことは、ストックを活かすことであり、建物を除却するための無駄なエネルギーと廃材を出さずに済む。ヨーロッパの人々が豊かな暮らしを楽しんでいるのは、自分の代で新築することなく伝統家屋を改修しながら住むことにより、散財が抑えられていることも一要因である。日本の伝統家屋も良質の材料を用い、高いレベルの技術により建築されており、数代にわたって住むことが可能である。何も同じ家系の人が代々住む必要はない。世界規模で人が移動している現在では、自分の子供でさえ外国に居を構えることは十分あり得ることで、空き家にせずに他人に貸したり売却したり、あるいは寄付することで家屋は生き続ける。

家の所有者が変わることは昔からよくあることで、例えば八女市の文化財であり市が所有している黒木の松木家

吉井の白壁の町並み。歴史的町並みは有効な観光資源ともなり得る

茅葺き合掌造りの民家が残る岐阜県・白川郷

住宅は明治十四（一八八一）年に穴見氏により建設された後、倉員《くらかず》氏、綾戸氏、そして大正十三（一九二四）年から松木氏と所有者がめまぐるしく変わっている。持ち主が変わっても家屋を利用し続けることで、歴史と文化を伝えることができた。

歴史的町並みを、良好な住宅地としてまちづくりを進めている例もある。奈良県橿原《かしはら》市今井町は江戸時代建設の建物も多く残り、戦前までに建設された伝統家屋が密度濃く現存する地区であるが、大阪への通勤圏であるため観光地化を目指さず良好な住宅地として町並み保存を実践している。

しかし、町並みが残る地域は過疎化が進む地方であることが多く、そこでは町並みを観光資源として活用した地域活性化が期待されている。観光は、経済的利益はもちろんのこと、人的・文化的交流として捉えることができる、今後のまちづくりに必要な要素である。

町並みを観光資源に

町並みを観光資源として活用し、まちづくりを行っている地区としては、長野県・妻籠宿《つまごじゅく》や岐阜県・白川郷、沖縄県・竹富島が有名である。

江戸時代には木曽の中山道《なかせんどう》の宿場町であった妻籠宿は、過疎化が進み一時は廃村寸前であったのが、かつての宿場町の町並みを保存し民宿を昭和四十三（一九六八）年頃から始めたことが功を奏し、また折からの旧国鉄の「ディスカバー・ジャパン」の波に乗り、全国に知られる観光地となった。

白川郷も茅葺《かやぶ》き合掌造《がっしょうづく》りの民家が残る村として民宿を開業し成功したが、その個性的な景観が評価され世界遺産に登録されると、年間六十万人だった入り込み客が一挙に倍になった。今では逆に押し寄せる観光客と進出を狙う外部資本にどのように対応し、地域らしさを守るかが課題となっている。

竹富島にはハイビスカスが石垣越しに咲き誇る南国情緒溢れる赤瓦の町並みと、珊瑚礁のビーチに惹かれ、年間四十六万七千人もの観光客が訪れる。この島も人口が平成四年には二五二人までに減った。それが徐々に増加し、平成二十一年春には三四一人にまで回復した。人口が増加している稀な離島である。これも島の歴史・文化である町並みや祭りを保存・継承し、それを観光資源として活用したまちづくりの成果である。観光地化により水牛車や民宿経営などの雇用を生み出し、若者のUターンを可能にした。

沖縄県の竹富島。赤瓦の町並みが広がる（大森文彦氏撮影）

いずれも国の「重要伝統的建造物群保存地区」に選定されている町並みで、それを活かした観光活動を行い、地元での雇用を生み出し地域活性化に成功している。町並み保存の制度としては、事業に時限がなく、まちづくりの視点を持つ伝統的建造物群保存地区制度が最も相応しいと考える。

海外に目をやれば、訪れたい都市の上位に常時ランクされるローマ、パリ、ロンドン、ベネツィア、フィレンツェなどはどこも歴史的町並みが残り、訪れる人を魅了している都市である。最近では教会や宮殿、古城などの記念碑的な著名な建築がある町ではなく、古き良きイングランドの風景が残るイギリスのコッツウォルズ地方や南仏プロヴァンス地方の小さな丘陵都市などの、

14世紀からの建物が並ぶ、英国チッピング・カムデンの通り

特に記念碑的建物はないが、歴史的町並みで人々が日常的に生活している村が人気を集めている。物見遊山的な観光から、地域の人々と触れ合う交流型あるいは体験型観光へとニーズが変化している。

山奥の小さな村、オーストリアのハルシュタットも観光で潤っている

福岡県内のまちづくり

本書で紹介されているように、福岡県内にも多くの歴史的町並みが残っている。そこには地域の歴史と文化が生き続けている。

その中でも特に町並み保存に積極的に取り組んでいるのは、前述した妻籠宿や白川郷などと同じ重要伝統的建造物群保存地区で、吉井（うきは市）、秋月（朝倉市）、八女福島、黒木（以上、八女市）の四地区がある。四地区に共通することは、伝統的建造物群保存地区ありきでなく、町並みを保存し地域を活性化するために様々な補助制度や事業を使いこなしていることである。伝統的建造物群保存制度だけでなく国交省の街なみ環境整備事業、あるいは農水省系の水路整備事業なども賢く活用している。また、熱心なキーパーソンやまちづくり団体が存在し、祭りや伝統産業が継承されている。

筆者が町並み保存に関わっている八女福島は、白壁土蔵造りの町並みに仏壇・提灯・和紙などの伝統産業が今なお息づき、江戸時代から続く「燈籠人形」が福島八幡宮の秋の放生会《ほうじょうえ》に上演・奉納されるなど、歴史と文化が継承されている町である。そして、町並みを支え地域の活性化に精を出す多彩なまちづくり団体が存在する。町並み整備を推進する団体、住民の伝統家屋修理の相談に乗り設計・施工をする技術者のＮＰＯ、祭りの企画・運営をする住民団体、町並みのボランティアガイドの会、空き家の管理委託を受け、修理し借り手を探すＮＰＯなど様々な住民団体が活動している。行政はそれらの団体を援助し、住民と行政のパートナーシップが組まれて、町並み保存のまちづくりが進んでいる。

これらが功を奏し、少しずつではあるが往事の町並みが甦り、空き家を借りて住む人や、レストランや工芸工房に活用する人が増えてきている。町家の店の間や座敷に飾られた雛人形を見て回る「ぼんぼりまつり」も春に開催され、多くの観光客で賑わう。

空き家を修理して喫茶店や住宅として貸している（八女福島）

　子供への文化の伝承も熱心に行われている。技術者のNPOが小学校の総合学習の時間に町並みの解説を行い、伝統家屋の修理の際は小学生も土壁塗りや柿渋《かきしぶ》塗りに参加している。また、伝統祭事は地域の結束を高めるだけでなく、文化を伝える重要な役割を担っている。「燈籠人形」では、舞台に上がれる三歳ぐらいになると「後見」という役で舞台の端に座り、年齢が上がると囃子《はやし》方《かた》や人形遣いの役があてられる。地域で子供を育てながら文化を継承するシステムができている。

　吉井や秋月、黒木も八女福島と同様なことが行われ、まちづくりが進められている。前述の妻籠宿・白川郷・竹富島に比べれば重要伝統的建造物群保存地区に選定されて日が浅く、まだ観光地化に成功しているわけではないが、履歴に基づいた丁寧な伝統家屋の修理により最も輝いていた時期の町並みが徐々に甦り、次第に全国に名が知られるようになった。それにつれ観光客も増加している。

　県内に所在する魅力的な町並みの整備が進み、ネットワークを組んで世界へ情報発信できるようになることを切に願っている。

［大森洋子］

八女福島の燈籠人形。祭りの期間中にだけ現れる舞台は、組み立て、取り壊しができるよう釘や鎹（かすがい）が一切使われていない

町並みを知るための建築用語

写真・文　大森洋子
イラスト　大森久司

■**切妻**　きりづま
寄棟　よせむね
入母屋　いりもや
屋根の形による種類。下図参照。

■**平側**　ひらがわ
建物において棟に平行な側面。下図参照。

■**妻側**　つまがわ
建物において棟に直角な側面。切妻屋根や入母屋屋根の両端の三角形になった壁面の側や、寄棟《よせむね》の短辺側をいう。下図参照。

■**平入り**　ひらいり
建物の平側に入口がある場合をいう。

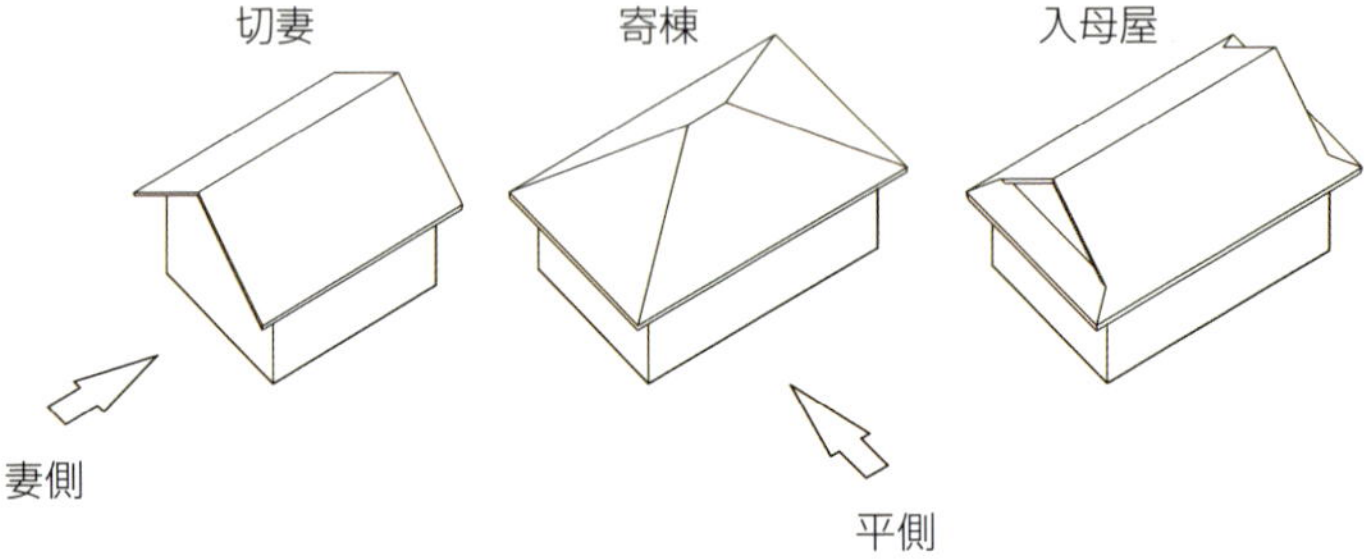

■**妻入り**　つまいり
建物の妻側に入口がある場合をいう。

■**直屋**　すごや
平面が長方形の建物。

■**鈎屋**　かぎや
「曲《まが》り屋《や》」ともいう。平面がL字型の建物。

■**下屋**　げや
本屋の外壁に接して設けられた片流れの屋根、またはその下にある空間。左頁の図参照。

■**本瓦葺き**　ほんがわらぶき
平瓦と丸瓦を交互に用いて葺いた屋根。瓦が日本に伝来した当時からの葺き方で、神社や寺院に多く用いられている。写真参照。

■**桟瓦葺き**　さんがわらぶき
今日一般的に見られる桟瓦で葺いた屋根。本瓦葺きの平瓦と丸瓦を一体とした波形断面を持つ桟瓦が江戸時代に考案され、本瓦葺きより手間も経費もかからないことから広く普及した。写真参照。

■**塗込（塗籠）造り**　ぬりごめづくり
土蔵造り　どぞうづくり
塗屋造り　ぬりやづくり
木造土壁の耐火建築物。外壁を土壁で覆う建物を総称して「塗込造り」といい、「土蔵造り」や「塗屋造り」はこの一種。土蔵造りは軒裏から屋根までをすべて土で覆う場合と壁のみを覆う場合がある。塗屋造りは一般的に土蔵造りに比較して土の塗り厚が薄く五センチ程度で、正面と背面の一階部分の木部は露出している。地方によってはこれらを区別することなく、単に「土蔵造り」、あるいは「塗屋造り」という。筑後地方では「居《い》蔵《ぐら》造《づく》り」と呼ぶ。

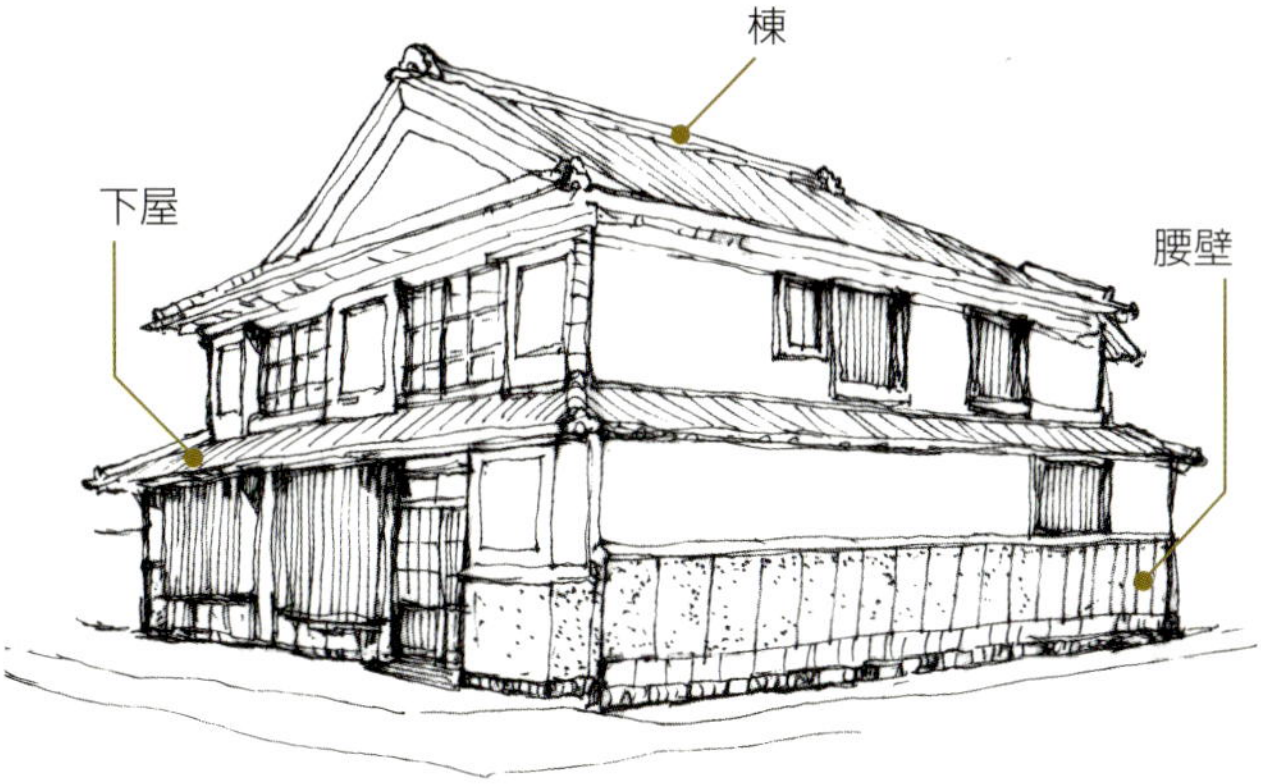

■**大壁造り**　おおかべづくり
江戸時代においては「塗込造り」のことであったが、現在は木の柱が表に現れないように覆う壁仕上げ全般をいう。⇕真壁造り

■**真壁造り**　しんかべづくり
木の柱を表に出した壁仕上げ。⇕大壁造り

■**粗壁仕上げ**　あらかべしあげ
小舞下地《こまいしたじ》（竹を縦横に組んで縄で結合したもの）に塗りつけた土壁。普通はこの上に中塗り、さらに漆喰《しっくい》塗りなどの仕上げを行うが、納屋などは粗壁のままとなっていることがある。

■**中塗り仕上げ**　なかぬりしあげ
左官工事で粗壁と仕上げの中間に塗る層を中塗りという。粗壁の上に壁が平坦になるように土を塗った中塗りの状態で仕上げた壁のこと。

■なまこ壁　なまこかべ

土蔵造りの腰壁によく用いられる仕上げで、方形の平瓦を並べて四隅を釘止めし、目地に漆喰を盛り上げて塗る。その漆喰目地の断面が半円形で「なまこ」が這っているように見えることからこの名前が付けられた。左頁の写真参照。

■下見板張り　したみいたばり

壁の横板張りで、板が互いに少しずつ重なり合うように取り付けたもの。

■卯建　うだつ

建物の両側に設けられた小屋根付きの袖壁。本来身分の象徴であったが、明治期以降、次第に単なる装飾と化した。防火壁を兼ねる場合も多い。下図参照。

■大戸　おおど

元来は半間より広い幅の戸の総称であるが、特に民家の表の入口に用いられるものをいう。引き戸、上げ戸、開き戸など各種あり、大戸の中に潜《くぐ》り戸《ど》を設けるものもある。左頁の写真参照。

■蔀戸　しとみど

平安時代に現れた建具で、上下二枚の板戸からなる。民家では、二枚とも上から下に柱間に落とし込む場合と、下の板戸のみ落とし込み、上は外部あるいは内部に吊り上げ、吊り金具で留めておく場合がある。左頁の写真参照。

■数寄屋造り　すきやづくり

茶室建築の手法を取り入れた建物。一般に面皮柱《めんかわばしら》（柱の四隅に皮を削り残しているもの）を用いる。簡素で華奢だが、洗練された意匠となっている。

■通り土間　とおりどま

表口から裏口へ抜け、裏庭へ出られるようになっている土間。片側に土間をとっている町家は、ほとんどがこの形式。

■**腕木門**　うでぎもん

親柱の上部に冠木を水平に貫き通し、二本の親柱から前後に差し出した腕木と出《だ》し桁《げた》によって小屋根を支える門。民家でよく用いられる。「冠木門《かぶきもん》」「木戸門《きどもん》」ともいう。

■**薬医門**　やくいもん

前方の本柱二本と後方の控え柱二本の計四本で屋根を支えるが、屋根の中心の棟が、本柱と控え柱の中間に位置せず、やや本柱寄りに来る。したがって本柱が控え柱よりやや太く、加重を多く支える構造になる。［例］秋月城址の黒門

■**長屋門**　ながやもん

門の扉口の両側に部屋が連なる形式の門。江戸時代に武家屋敷の門として始まった。長屋の中央に門があるように見えることから「長屋門」と呼ばれ、各部屋は家臣の住居として使用された。明治になってからは一般にも広まり、部屋は使用人の住居や納屋として利用された。

なまこ壁

■**間**　けん

建物の柱と柱の間を示す基本寸法で、一般に畳の長手方向に匹敵する。地方によって一間の寸法は異なり、東日本で主に使われる江戸間（田舎間）＝六尺（一・八一八メートル）と、西日本で主に使われる京間（本間）＝六・五尺（一・九七〇メートル）などがある。

■**町**　ちょう

尺貫法による面積の単位で、一町は十反（三千歩）に相当し、約一ヘクタール弱（九九一八平方メートル）。距離の単位としても用い、一町は六十間に相当し、約一〇九メートル強。

■**在郷町**　ざいごうまち

主に近世以降、農村における商品生産の発展に伴って成立した集落で、商工業に卓越した、在方にある町のこと。

西川幸治編、NHKブックス『歴史の町なみ　中国・四国・九州・沖縄篇』日本放送出版協会、1987年
『福岡県文化百選４　建物編』西日本新聞社、1991年
『福岡県文化百選５　道編』西日本新聞社、1992年
『FUKUOKA STYLE vol.5　歴史の町並み１』福博綜合印刷、1992年
読売新聞西部本社編『歴史の町並み再発見』葦書房、1993年
『FUKUOKA STYLE vol.13　歴史の町並み２』福博綜合印刷、1996年
西村幸夫監修、別冊太陽『日本の町並みⅡ　中国・四国・九州・沖縄』平凡社、2003年
河合敦監修『日本伝統の町　重要伝統的建造物群保存地区62』東京書籍、2004年
藤井恵介監修『日本の家４　風土・歴史・ひとが築いた町並みと住まい　中国・四国・九州・沖縄』講談社、2005年
宮崎克則・福岡アーカイブ研究会編『古地図の中の福岡・博多』海鳥社、2005年
石橋泰助『肥後街道榎津小保と吉原家の創建』2007年
森下友晴『福岡の歴史的町並み』石風社、2008年

福岡の町並みに関する調査報告書

福岡県教育庁文化課編『福岡県の民家』福岡県教育委員会、1972年
『秋月城下町伝統的建造物群保存対策調査計画報告書』甘木市教育委員会、1980年
『甘木市秋月伝統的建造物群保存地区概要』甘木市教育委員会、1998年
九州芸術工科大学環境設計学科歴史環境研究室編『北九州市八幡西区木屋瀬地区伝統的町並み調査報告』北九州市、1995年
『吉井町吉井伝統的建造物群保存対策調査報告』吉井町教育委員会、1995年
九州芸術工科大学環境設計学科歴史環境研究室編『大川市小保・榎津伝統的町並み調査報告』大川市教育委員会、1998年
『八女市福島伝統的建造物群保存対策調査報告書』八女市教育委員会、1998年
文化庁編『歴史的集落・町並みの保存　重要伝統的建造物群保存地区ガイドブック』第一法規出版、2000年
『久留米市草野町伝統的町並み調査報告』久留米市、2000年
『筑紫野市文化財調査報告書第65集　山家地区史跡整備調査報告Ⅰ』筑紫野市教育委員会、2001年
『日本の町並み調査報告書集成15　九州・沖縄の町並み１』東洋書林、2005年
『黒木町黒木伝統的建造物群保存対策調査報告書』黒木町教育委員会、2006年
『今里家住宅調査報告書』八女市教育委員会、2006年
『日本の町並み調査報告書集成28　九州地方の町並み４』海路書院、2008年

より詳しく知るための

参考文献案内

町並みについての研究は、歴史学や建築学、民俗学、地理学などの多くの分野にまたがるものであり、最近では環境・歴史景観の分野やまちづくりなども対象になります。詳しく調べる際には、建築関係の専門書を始め、各自治体が発行する自治体史や伝統的町並みの調査報告書などが参考になります。詳細は発行元である各自治体の教育委員会や文化財担当部局、公共図書館の郷土資料・レファレンスコーナーなどに問い合わせるのがよいでしょう。

また、市販のガイドブックや、各地の観光課や観光協会が発行するパンフレット、ガイドマップなどを利用し、実際に町並み見学に訪れるのもお勧めです。ただし、場所によっては一般公開が不定期であったり、個人宅や個人所有の建物の場合、公開を制限していることがありますので、見学する際には事前の情報収集、確認が必要です。最近では自治体やまちづくり団体、あるいは個人が運営する町並み紹介のホームページやブログが増えています。写真だけではなく動画を配信しているものもあり、各地域の詳細な情報を得ることができます。下調べを十分行ってから現地を訪れてみましょう。

日本の町並みに関する文献

彰国社編『建築大辞典』彰国社、1976年
観光資源保護財団編『歴史的町並み事典』柏書房、1981年
日本観光文化研究所編・谷沢明著『日本人の生活と文化10　住いと町並み』ぎょうせい、1982年
吉田桂二『町並み・家並み事典』東京堂出版、1986年
吉田桂二『民家・町並み探訪事典』東京堂出版、2000年
『日本の町並み探検』昭文社、2000年
吉田桂二『歴史遺産日本の町並み108選を歩く』講談社＋α新書、2001年
吉田靖監修『文化財探訪クラブ5　民家と町並み』山川出版社、2001年
保岡孝之監修『「伝統の町並み」の歩き方』青春出版社、2003年
宮本雅明『都市空間の近世史研究』中央公論美術出版、2005年
『にっぽんの昔町　伝統が息づく町並みに出逢う』ジェ・エー・エフ出版社、2009年

福岡の町並みに関する文献

太田博太郎他編『図説日本の町並み11　北九州編』第一法規出版、1982年

執筆者一覧

大森洋子（久留米工業大学建築・設備工学科教授）
工藤　卓（近畿大学建築・デザイン学科教授）
河村哲夫（福岡県文化団体連合会専務理事）
古賀正美（久留米市文化観光部文化財保護課）
内田俊和（元甘木市教育委員会）
高口　愛（八女市都市計画課）
大島真一郎（八女市黒木総合支所産業経済課）
丸林禎彦（久留米市文化観光部文化財保護課）
城戸康利（太宰府市都市整備課）
田上　稔（福岡県教育庁総務部文化財保護課）
井澤洋一（博多津にぎわい復興計画研究会）
小川秀樹（行橋市教育委員会文化課）
嶋村初吉（西日本新聞社編集局）
竹川克幸（麻生西日本新聞ＴＮＣ文化サークル事務局長）
石橋泰助（旧吉原家住宅館長）
冨田孝浩（北九州市教育委員会生涯学習部文化財課）
久野隆志（福岡県教育庁総務部文化財保護課）
宮田浩之（小郡市都市建設部都市計画課）
田村　悟（直方市教育委員会庶務課）
坂井義哉（大牟田市企画総務部総合政策課世界遺産登録推進室）
加藤哲也（財界九州社編集委員）

アクロス福岡文化誌編纂委員会

会　長　武野要子（福岡大学名誉教授）
副会長　西表　宏（香蘭女子短期大学教授）
監　事　徳重忠彦（福岡県新社会推進部県民文化スポーツ課）
委　員　飯田昌生（元テレビ西日本・ＶＳＱプロデューサー）
池邉元明（福岡県教育庁総務部文化財保護課）
加藤哲也（財界九州社編集委員）
河村哲夫（福岡県文化団体連合会専務理事）
木下陽一（写真家）
嶋村初吉（西日本新聞社編集局）
専門調査員　竹川克幸（麻生西日本新聞ＴＮＣ文化サークル事務局長）
事務局長　古川道夫（財団法人アクロス福岡事業部長）
事務局　緒方淑子（財団法人アクロス福岡）
福浦直美（同右）

アクロス福岡文化誌 5
福岡の町並み
■
2011年3月20日　第1刷発行
■
編　者　アクロス福岡文化誌編纂委員会
■
発行所　アクロス福岡文化誌編纂委員会
〒810-0001　福岡市中央区天神1丁目1番1号
電話092(725)9115　FAX092(725)9102
http://www.acros.or.jp
発売　有限会社海鳥社
〒810-0072　福岡市中央区長浜3丁目1番16号
電話092(771)0132　FAX092(771)2546
印刷・製本　大村印刷株式会社
ISBN 978-4-87415-809-8
http://www.kaichosha-f.co.jp
[定価は表紙カバーに表示]

『アクロス福岡文化誌』刊行について

古来よりアジアと九州を結ぶ海路の玄関口、文明の交差点として栄えてきた福岡は、大陸文化の摂取・受容など文化交流の面で先進的な役割を果たしてきました。

「文化」とは時代が変化していく中で育まれた「ゆとり」「安らぎ」など心の豊かさの副産物、つまり精神充実の賜物であり、国や地域、そこで生活する人々を象徴しています。そして、文学、歴史、学問、芸術、宗教・信仰、民俗、芸能、工芸、旅、食など様々な分野へと発展し、人類の貴重な財産として受け継がれてきました。

科学や情報技術が進歩し、心の豊かさが求められている現在、「文化」の持つ意味・役割に改めて注目し、その保存・継承、充実を図ることは、日本社会を活性化するための重要な鍵になると考えます。

この『アクロス福岡文化誌』は財団法人アクロス福岡が進める文化振興事業の一環として、福岡の地域文化、伝統文化の掘り起こしや継承、保存活動の促進を目的に刊行するものです。また、福岡に軸足を置きつつ、九州、アジアにも目を向け、ふるさとの文化を幅広く紹介し、後世に伝えていきたいと考えています。

この文化誌が地域活性化の一助、そしてアジア―九州―福岡をつなぐ文化活動の架け橋になれば幸いです。

アクロス福岡文化誌編纂委員会　会長　武野要子

財団法人アクロス福岡　館長　石川敬一